VERHALEN VAN DE BRANDWEER

Mariëtte Middelbeek

VERHALEN
van de
BRANDWEER

Disclaimer

De verhalen zijn gebaseerd op de belevingen en ervaringen van brandweermedewerkers. Veel namen, gebeurtenissen, plaatsen en andere (herkenbare) gegevens zijn gefingeerd of weggelaten. Herkenning van de verhalen berust op louter toeval. Derhalve kan de uitgeverij geen aansprakelijkheid aanvaarden in het geval enige schade uit deze publicatie mocht voortvloeien.

Voorwoord	9
Even voorstellen	11
Donker	17
Staaf	19
Kast	22
Stier	26
Kop	29
Slow-whoop	32
Meisjes	34
Lift	38
Op de kop	40
Ketting	45
Mopje	48
Motor	50
Pannetje	52
Trein	54
'Mien vrouw'	59

Slangen	61
Jas	63
Examen	65
Wiebe	68
Brieven	71
Kalveren	73
Kelder	75
Bijl	77
Plof	79
Kranten	82
Prehistorisch bouwwerk	85
Tegel	87
Rookmelder	91
Vast	94
Boompje	96
Beeld	98
Banden	100
Stier	104
In tweeën	107
Douche	109
Boobytrap	111
Schaatsen	113
Verwarring	115
Kettingbotsing	118
Glasbak	122
Geboeid	125
Balk	129
Neefjes	132
Parkieten	136
Laptop	140
Kassen	143
Fred	147
Dak	151

Faculteit	153
Schilderijtje	156
Lichaam	158
Neergestort	160
Sabel	162
Flat	166
Berging	170
Marieke en marijke	172
Vangrail	177
Kuil	179
Opgesloten	182
Uitbouw	184
Flessen	186
Stil	190
Op de vlucht	193
Bliksem	195
Drukke dag	198
Badkuip	203
Zo terug	206
Geen woorden	210
Deur	216
Ijsschots	221
Ring	225
Vakantie	227
Bommetje	231
Buurman	233
Nieuwe keuken	236
Vermist	238
Gips	247
Bekende auto	250
Onvoorbereid	252
Konijntje	256
Verklarende woordenlijst	259

VOORWOORD

BRANDWEERMENSEN VLUCHTEN NIET VOOR gevaar, maar gaan er juist op af. We hebben veeleisend werk, met een zeker risico, en we moeten in extreme omstandigheden goed kunnen functioneren. Bij branden, ernstige verkeersongelukken en reanimaties zijn wij vaak als een van de eersten ter plekke en worden dan geconfronteerd met emotionele situaties. Ons werk kent daarnaast ook heel andere aspecten. Dat blijkt wel uit de bijzondere, aangrijpende, spannende maar ook grappige brandweerverhalen die zijn gebundeld in dit boek. Ze geven u een kijkje in de veelzijdige wereld van de brandweer.

Wat mij zelf steeds weer treft in deze ervaringsverhalen is dat we niet alleen voor u als burger klaarstaan, maar ook voor elkaar. Na heftige incidenten vangen collega's elkaar op. Brandweercollega's gaan letterlijk voor elkaar door het vuur. Ik heb daar veel bewondering voor en het maakt mij trots om te werken bij de brandweer.

Stephan Wevers
Voorzitter Brandweer Nederland
Arnhem, oktober 2016

EVEN VOORSTELLEN

Wietze Brandsma – brandwacht brandweer Friesland
Wietze (40) zat tien jaar lang als brandwacht* bij de vrijwillige brandweer* in Noordoost-Friesland. In het dagelijks leven werkt hij als medewerker risicobeheersing bij Brandweer Fryslân. Wietze heeft een relatie en twee kinderen van 10 en 7 uit zijn vorige huwelijk.

Marcel Buikema – bevelvoerder brandweer Assen
Marcel (50) zit bijna twintig jaar bij de vrijwillige brandweer, waarvan elf jaar als bevelvoerder*. Daarnaast is hij ook actief als duiker. In het dagelijks leven werkt hij als medewerker risicobeheersing bij de Veiligheidsregio Drenthe. Marcel woont samen en heeft een zoon van 19 en een dochter van 16.

Eelco van Eijsden – coördinator kerngroep vakbekwaamheid en OvD Rotterdam-Rijnmond
Eelco (42) begon op zijn twaalfde bij de jeugdbrandweer en werd op zijn achttiende eerst vrijwilliger en vier jaar later beroepsbrandweer*-man. Binnen het korps klom hij van aspirant-brandweerwacht

via bevelvoerder op tot coördinator van de kerngroep vakbekwaamheid en Officier van Dienst (OvD*) bij de Veiligheidsregio Rotterdam-Rijnmond. Eelco woont samen en heeft geen kinderen.

Marco Hoogeveen – *clusterhoofd vakbekwaamheid en OvD*
Marco (48) zit sinds drieëntwintig jaar bij de brandweer. Hij begon als vrijwilliger in Drachten en via verschillende banen en commandantschappen op Schiermonnikoog, in Flevoland en in Overijssel werd hij uiteindelijk clusterhoofd vakbekwaamheid in Zuidoost-Friesland. Hij is op diverse plekken actief geweest als vrijwilliger bij de brandweer, en ook als Officier van Dienst en Hoofdofficier van Dienst. Tegenwoordig is hij naast zijn baan ook Officier van Dienst in Friesland. Marco is getrouwd en heeft twee zoons van 15 en 13 jaar.

Albert Jansen – *bevelvoerder brandweer Kennemerland*
Albert (55) is vierentwintig jaar actief als vrijwilliger bij de brandweer in Heemskerk. Inmiddels is hij bevelvoerder. In het dagelijks leven werkt hij als controleur brandpreventie bij de veiligheidsregio. Albert is getrouwd en heeft drie kinderen: een zoon van 25 en twee dochters van 23 en 18 jaar.

Anka Kremer – *bevelvoerder brandweer Groningen*
Anka (47) maakte twintig jaar geleden de overstap van een administratieve functie bij een overheidsinstelling naar de beroepsbrandweer in Groningen. Ze begon als brandwacht en is inmiddels bevelvoerder, instructeur en duikploegleider. Ook was ze zeventien jaar lang actief als duiker. Anka is getrouwd en heeft twee stiefkinderen.

Gerard Meijers – *oud-bevelvoerder Rotterdam-Rijnmond*
Gerard (64) zat tien jaar bij het korps mariniers en maakte daarna de overstap naar de beroepsbrandweer in Rotterdam, waar hij bevelvoerder werd. Ook werkte hij enige tijd op de meldkamer

en was hij officier preventie/preparatie, planbeoordelaar industriële veiligheid en adviseur voor het Centrum Industriële Veiligheid (CIV) bij de veiligheidsregio. Inmiddels is Gerard met prepensioen. Hij is getrouwd en heeft een dochter van 36 en een zoon van 33.

Saskia Pouw – *medewerker toezicht en handhaving brandweer Utrecht*
Saskia (51) begon in 2000 als brandwacht bij de vrijwillige brandweer in Gooi en Vechtstreek, waar ze inmiddels niet meer actief is. Sinds zeven jaar werkt ze als medewerker toezicht en handhaving bij de brandweer in Utrecht. Saskia is getrouwd en heeft drie zoons van 24, 22 en 20 jaar.

Gea Smit – *bevelvoerder vrijwillige brandweer De Wijk-Koekange*
Gea (46) zit sinds dertien jaar bij de vrijwillige brandweer in De Wijk-Koekange, inmiddels als bevelvoerder. In het dagelijks leven werkt ze als oefencoördinator brandweer bij de Veiligheidsregio Drenthe. Gea is getrouwd en heeft twee zoons van 16 en 14 jaar.

Peter Smit – *brandwacht vrijwillige brandweer Wateringen en centralist*
Peter Smit (44) werkte bij de Koninklijke Marechaussee en in de gezondheidszorg voor hij zestien jaar geleden de overstap naar de meldkamer brandweer maakte. Sindsdien werkt hij als brandweerkundig centralist en calamiteitencoördinator in Den Haag. Ook is hij bijna twintig jaar actief als manschap bij de vrijwillige brandweer in Wateringen. Peter is getrouwd en vader van twee dochters van 13 en 10 en een zoon van 11.

Roel Timmermans – *Officier van Dienst*
Roel (38) begon zijn carrière als brandweerman bij de luchtmacht. Inmiddels is hij werkzaam voor Brandweer Midden- en West-Brabant, waar hij als teamcoördinator risicobeheersing verantwoordelijk is voor zes gemeenten in het zuiden van het land. Daarnaast is hij Officier van Dienst. Bovendien is hij actief als

bevelvoerder bij de vrijwillige brandweer. Roel is getrouwd en heeft vier kinderen van 7, 5, 2 en 1 jaar.

Jaco Tramper – bevelvoerder brandweer Arnemuiden
Jaco (36) begon op zijn elfde bij de jeugdbrandweer in Middelburg en kwam uiteindelijk terecht bij het vrijwillig korps Arnemuiden. Eerst was hij (hoofd)brandwacht, sinds drie jaar is hij bevelvoerder. In het dagelijks leven werkt Jaco als ambulanceverpleegkundige. Hij is getrouwd en heeft twee zoons van 16 en 8 jaar en een dochter van 6.

Davy van Uem – brandwacht Gelderland-Midden
Davy (24) begon op zijn vijftiende bij de jeugdbrandweer en is vanaf zijn achttiende manschap bij een vrijwillig korps binnen Brandweer Gelderland-Midden. In het dagelijks leven werkt hij als magazijnmedewerker. Davy is single en heeft geen kinderen.

Frans van der Vleuten – oud-brandweercommandant Mierlo / oud-bevelvoerder Eindhoven
Frans (69) zat drieëndertig jaar bij de vrijwillige brandweer in Mierlo, waarvan de laatste tien jaar als commandant. Ook werkte hij zevenentwintig jaar lang als beroepsbrandweerman in Eindhoven, eerst als brandwacht en later als bevelvoerder. Frans is getrouwd en heeft een zoon van 39 en een dochter van 37.

Marcel van Westendorp – bevelvoerder brandweer Utrecht
Marcel (47) zit bijna dertig jaar bij de brandweer. Hij werkte enige tijd als beroepsbevelvoerder, maar is tegenwoordig specialist operationele voorbereiding crisisbeheersing bij de Veiligheidsregio Utrecht. Daarnaast is hij actief als vrijwillig bevelvoerder bij de brandweer in Utrecht. Marcel is getrouwd en heeft twee zoons van 20 en 18 jaar.

DONKER

Albert / Heemskerk / dinsdagmiddag 15.11 uur

'Binnenbrand in een portiekflat' is de melding die ik via de pager krijg. Aan de stem van de centralist die de memo* heeft ingesproken, is de ernst al te horen. 'In de woning is nog een kind aanwezig.'

Bij elke prio 1*-melding komt de hele ploeg zo snel als mogelijk naar de kazerne, maar de gedachte aan het kind maakt dat ik nog net even wat sneller die kant op rijd. Binnen no time zijn we op weg met de tankautospuit* en de autoladder*. Een paar minuten later staan we al voor de deur van de portiekflat. Op straat is een grote oploop ontstaan. De moeder is er ook, hevig bezorgd, haar twee andere kinderen aan de hand. Haar zoontje ligt in de slaapkamer, begrijpen we. Hij sliep en ze had hem even thuisgelaten toen ze haar andere kinderen uit school ging halen. Toen ze weer thuiskwam, ontdekte ze een dusdanige brand in de keuken dat ze haar huis al niet meer in kon.

De brand is op de tweede etage. Ik ken het type woningen, omdat een collega-brandweerman op de eerste etage woont. Samen met mijn collega Tom vorm ik de aanvalsploeg*. We haasten ons de trap op en gaan naar binnen. Achter ons aan komt de waterploeg*.

Zij gaan de brand blussen, het is onze taak om het kind uit de woning te halen.

In de woonkamer lijkt het nacht. De deur tussen de keuken en de kamer staat open en heeft de rook doorgelaten. Ik zie geen hand voor ogen. Omdat ik bij mijn collega op de etage hieronder ben geweest, weet ik hoe het huis in elkaar zit. Aan de andere kant van de woonkamer is een deur, daarachter bevindt zich een halletje waar de slaapkamers op uitkomen.

Ik maak Tom duidelijk dat we de woonkamer moeten oversteken. Ik hoop maar dat de deur naar het halletje dicht is. In mijn hoofd maak ik plannen voor als we straks niet terug zouden kunnen omdat de brand zich mogelijk verder heeft uitgebreid. Het huis heeft twee balkons en er is een autoladder, dus we zouden op die manier naar buiten kunnen.

Op de tast bereiken we de andere kant van de kamer en binnen een paar seconden duw ik de deurklink naar beneden. Ik knipper even. In het halletje is geen rook en ineens staan we weer in het daglicht. Ik sluit de woonkamerdeur achter ons, en open op goed geluk een van de andere deuren.

In een ledikantje staat een klein mannetje in een slaapzak. Hij kijkt ons verschrikt aan. Snel plukken we hem uit zijn bedje en terwijl Tom het kindje dicht tegen zich aan houdt, lopen we opnieuw de pikdonkere woonkamer in. Als we voorbij de keuken komen, zie ik mijn collega's daar al met de slang staan. In een paar stappen ben ik bij de voordeur. Opgelucht stappen we naar buiten.

Op straat overhandigen we het kindje aan zijn hevig geëmotioneerde moeder. Ze lacht en huilt tegelijk en blijft ons maar bedanken. Het jongetje wordt nagekeken door het ambulancepersoneel, maar blijkt helemaal niks te mankeren.

STAAF

Frans / Eindhoven / maandagochtend 9.49 uur

OMDAT DE AMBULANCE OM onze assistentie heeft gevraagd, zijn we met zwaailichten en sirenes op weg. De situatie is mij verre van duidelijk. We hebben van de meldkamer doorgekregen dat het gaat om een slachtoffer met een pin in haar hoofd. Ik kan er eerlijk gezegd vrij weinig mee.

We komen aan op de plaats van het incident. Het blijkt te gaan om een auto-ongeval: een stationwagen is tegen een boom geknald, waarna de draadeinden die achter in de auto lagen, naar voren zijn gevlogen. Ongelukkig genoeg is een van die ijzeren staven in het hoofd van de passagiere geschoten. Door de vaart is de staaf daarna teruggeschoten, waardoor het andere einde ervan nu vastzit in het plafond van de auto. Terwijl ik de situatie bekijk, bedenk ik wat een enorme klap dit geweest moet zijn. De bijrijdster heeft het meeste pech gehad. De staven lagen, weliswaar in de achterbak, achter haar stoel. De bestuurder is al naar het ziekenhuis gebracht, maar was er een stuk minder slecht aan toe, begrijp ik.

Naast de vrouw zit een ambulanceverpleegkundige. Zo goed en zo kwaad als het gaat, probeert hij haar te stabiliseren. De vrouw is niet bij kennis. Ik probeer een plan de campagne te maken. Het wordt improviseren. Hoeveel opleidingen en oefeningen ik ook heb gedaan, deze situatie zat er niet bij.

Ik overleg met de jongens van de ploeg. 'Slijpen kunnen we niet', zeg ik nadenkend. 'Daar hebben we de ruimte niet voor.' De snijbrander kunnen we ook niet gebruiken. Veel te gevaarlijk, zo dicht bij het slachtoffer. En de staaf er zomaar uit trekken is ook al geen optie. Als de vrouw nog een kans heeft, dan is dat alleen als een arts op de operatiekamer de staaf eruit haalt. Het andere uiteinde ervan zit veel te goed vast in het dak, dat krijgen we niet zomaar los.

Blijft over: de betonschaar. Ik steek mijn hoofd weer in de auto en overleg met de ambulanceverpleegkundige. 'Als jij nou het hoofd en de pin vasthoudt, dan kunnen we hem waarschijnlijk wel doorknippen', zeg ik.

De man knikt. Een van de jongens loopt naar de auto om de betonschaar te pakken. Terwijl de ambulanceverpleegkundige de ene kant van de staaf vasthoudt en ik de andere, houdt mijn collega de betonschaar in de aanslag.

'Klaar?' vraagt hij. Ik knik, de ambulanceverpleegkundige doet hetzelfde. De pin is niet zo dik en met één welgemikte knip gaat hij doormidden. Nu kan de vrouw in elk geval naar het ziekenhuis worden gebracht, ook al is de staaf er niet helemaal uit.

Snel wordt ze uit de auto gehaald en op de brancard gelegd. Twee jongens uit de ploeg gaan mee in de ambulance om onderweg te assisteren bij een eventuele reanimatie.

Terwijl het geluid van de ambulancesirene wegsterft, staan we even uit te blazen. De politie neemt de leiding op de plaats van het incident. Er moet technisch onderzoek worden gedaan en daarna moet het autowrak worden afgevoerd. Wij gaan intussen onze spullen pakken.

Als we bijna klaar zijn om terug te keren naar de post, komt er een nieuwe oproep van de meldkamer.

'Kunnen jullie naar het Catharina Ziekenhuis gaan?' vraagt de centralist. 'We hebben het verzoek gekregen of jullie de staaf nog wat verder kunnen inkorten, zodat het slachtoffer daarna naar een ander ziekenhuis kan worden vervoerd.'

'Jongens, in de auto!' roep ik naar de ploeg. Binnen tien seconden zitten de twee achtergebleven ploegleden en ik klaar voor vertrek. Met loeiende sirenes gaan we op weg, maar vlak voordat we bij het ziekenhuis zijn, worden we afgebeld.

'Vervoer was geen optie meer', zegt de centralist. 'Ze moest meteen geopereerd worden.'

We keren terug naar de kazerne. Tegen de middag voegen de twee ploegleden zich vanuit het ziekenhuis weer bij ons. De vrouw is op de operatietafel overleden.

KAST

Marcel / Assen / zondagmiddag 15.51 uur

Persoon opgesloten in een kast, is de melding die doorkomt via de pieper. Ik spring meteen op de fiets en ga richting kazerne. Prio 1, heeft de meldkamer doorgegeven. Dat betekent zwaailichten en sirene aan en acht minuten tijd om ter plaatse te komen. Gelukkig is de ploeg snel in de kazerne.

Vlug stappen we in de tankautospuit en gaan op weg. Ik maak contact met de meldkamer voor aanvullende informatie. 'Er zit iemand opgesloten in een kast en die persoon is niet aanspreekbaar', weet de centralist. 'Het personeel krijgt in elk geval geen contact.'

'Personeel?'

'Het is in een verpleeghuis.'

Ik probeer me voor te bereiden. Ik heb het beeld van een archiefkast in mijn hoofd en vraag me af hoelang je daar zuurstof hebt. Niet lang, vrees ik. Daarom rijden wij ook met de grootste prioriteit. Het feit dat er geen contact meer is, is zorgelijk. Als deze persoon al buiten bewustzijn is, hoop ik maar dat we nog op tijd zijn.

Buiten het verpleeghuis staat een vrouw ons op te wachten. Terwijl we naar de juiste verdieping lopen, vraag ik wat er precies aan de hand is.

'We waren mevrouw Van Houten ineens kwijt,' zegt de verpleegkundige, 'en toen we haar gingen zoeken, merkten we dat de kast niet meer openging.'

'Hoe oud is mevrouw Van Houten?'

'83. En ze is dementerend.'

'Was ze nog aanspreekbaar?'

'Een beetje. We hebben haar gehoord, dus we weten zeker dat ze erin zit. Maar we hebben nu al zeker twintig minuten geen contact meer met haar.'

'Is de deur van binnenuit op slot gedaan?'

De verpleegkundige schudt haar hoofd. 'Nee, dat kan niet. Er moet iets tegen de deur zijn gezet of gevallen.'

Ik knik. 'En hoe groot is die kast?'

'Ik denk zo'n vijf, zes vierkante meter.'

Dus geen archiefkast. Het zal eerder om een werkkast gaan.

'Zit er beluchting in?'

De verpleegkundige knikt. Dat is in elk geval goed nieuws, want nu hoeven we niet zo bang te zijn voor zuurstofgebrek.

'Wat staat er in die kast?' vraag ik.

'Schoonmaakmiddelen.'

Dat is minder. Van de combinatie demente vrouw en schoonmaakmiddel word ik niet meteen vrolijk.

We komen aan op de vijfde verdieping en lopen naar de werkkast. Een houten deur, zie ik meteen. Dat is mooi, want die vormt geen belemmering voor onze zaag.

Ik probeer de deur te openen, maar die geeft inderdaad geen centimeter mee. Als hij niet van binnenuit op slot gedaan kan zijn, moet er iets zwaars voor gevallen zijn. Want zelfs al zou de vrouw tegen de deur liggen, dan zou er beweging in moeten zitten.

'Mevrouw?' Ik klop op de deur, maar er komt geen antwoord. 'Hallo?'

Ik besluit hier niet te veel tijd aan te besteden, maar meteen tot actie over te gaan.

'René?'

Een van de jongens uit de ploeg stapt naar voren. In het dagelijks leven is hij timmerman en dat komt nu goed uit. 'Hoe dik kan zo'n deur maximaal zijn?'

Hij knijpt zijn ogen een beetje samen. 'Drie, vier centimeter.'

'Wil je de redzaag uit de auto halen?'

René en nog een collega lopen weg en komen even later terug met onze zaag. 'Stel hem maar in op drie centimeter', zeg ik. 'Ik heb liever dat we nog wat moeten breken dan dat we het slachtoffer raken.'

Met veel herrie gaat de motorkettingzaag het hout in, iets boven de deurklink. Plotseling klinkt vanaf de andere kant een geluid. Ik gebaar naar de jongens dat de zaag uit moet.

'Laat me met rust!' klinkt het boos vanuit de kast. 'Ik wil slapen!'

'Mevrouw?' Ik klop een paar keer. 'Kunt u de deur opendoen?'

Dat is ze bepaald niet van plan. 'Ik zei: laat me met rust!'

Ik wissel een blik met de verpleegkundige. Die haalt haar schouders op. 'Als ze iets niet wil, kun je hoog en laag springen, maar dan doet ze het niet.'

'Ik wil slapen! Ik lig in bed.'

Ik schiet in de lach. 'Nou mevrouw...' antwoord ik voorzichtig. 'Ik denk niet dat u in bed ligt.'

'Zeker wel. En nu wegwezen, want ik ga slapen.'

Ik gebaar naar de jongens dat de zaag weer aan moet. Ze werken verder, breken nog wat hout weg en dan is er precies boven de deurklink een luikje om doorheen te kijken. Gelukkig is het licht aan in de kast. Ik werp een blik naar binnen en begrijp dan waarom er geen enkele beweging in de deur zit: die wordt geblokkeerd door een omgevallen houten stelling. De stelling is tegen de muur ertegenover gevallen en staat nu als een barricade achter de deur.

'Opdonderen nu!' De vrouw in de kast wordt hoe langer hoe bozer. 'Ik lig hier gewoon in bed. Je komt toch niet zomaar bij een ander in huis?!'

Met z'n allen maken we een plan. Als we de stelling voorzichtig iets aan de kant kunnen duwen, kan een van ons naar binnen om de vrouw eruit te halen. Door het kleine luikje kan ik haar niet zien, maar te oordelen aan haar stemgeluid ligt ze ergens aan de rechterkant tegen de deur aan.

'Gaan jullie nou nog?' informeert de vrouw chagrijnig. 'Zo kan ik natuurlijk nooit slapen!'

'Even geduld, mevrouw', antwoord ik. 'We halen u eruit en dan zijn we zo weer weg.'

Ze vindt het helemaal geen goed plan, maar we negeren haar maar even. Het kost wat moeite, maar dan slagen we erin via het kleine luikje de stelling aan de kant te duwen. Twee jongens uit de ploeg wurmen zich de kast in, schuiven de kast nog wat verder op en bereiken dan de vrouw.

'Laat me los!' klinkt het giftig. 'Hé, wie denk je wel niet dat je bent?'

De kalmeerpogingen van twee verpleegkundigen ten spijt, blijft de vrouw tieren als ze uit de kast tevoorschijn komt. Als ze langs mij loopt, staat ze plotseling stil. De boosheid verdwijnt ook ineens van haar gezicht. 'Zeg, kennen wij elkaar niet?'

Ik glimlach. 'Ik denk het niet.'

'Jawel hoor. Ja, ik ken jou.' Ze begint te knikken. 'Ik ben een keer met je uit geweest.'

Nu moet ik mijn best doen om niet hardop te lachen. 'Nou, dat geloof ik niet. Maar ik wil wel een keer met u op stap, hoor, als u dat graag wilt.'

De vrouw staart me even aan en begint dan te grinniken. Als de verpleging haar meeneemt, kijk ik haar lachend na.

STIER

Anka / Aduard / zondagnacht 0.08 uur

'Wilt u gaan naar het Van Starkenborghkanaal voor een koe te water?'

De melding klinkt hard door mijn stille slaapkamer. Meteen ben ik wakker. Ik kreun zacht en kruip onder mijn warme deken vandaan. Ik doe mijn werk graag, maar een koe uit het water halen terwijl de temperatuur maar net boven het vriespunt uitkomt, is niet het allerleukste klusje.

Ik loop de gang op. Ook mijn collega's komen uit hun slaapkamers. Allemaal glijden we via de paal naar beneden, de garage in. We gaan op weg met het duikvoertuig*. Achterin zit ik samen met mijn collega Kees, de tweede duiker. Op dit late uur zeggen we niet zoveel. Ik probeer me voor te bereiden. Een koe te water betekent dat we zo meteen gaan proberen het dier te vangen, het een halster om te doen en het naar de kant mee te nemen. Afhankelijk van de kade zal de ploeg van de meegestuurde tankautospuit dan de koe met een touw op de kant trekken of, als het nodig is, takelen. Hopelijk zit het mee en zijn we met een uurtje of twee weer terug.

We zetten de auto stil langs het water. Het Van Starkenborghkanaal is op dit punt heel breed en een stukje terug, precies in het midden, zie ik in de straal van mijn zaklamp iets bewegen. Het komt onze kant op.

'Volgens mij heeft hij een neusring', zeg ik, turend naar het dier in het water. 'Dan is het een stier.'

Voor de reddingsactie maakt het niet uit, al moeten we wel voorzichtig zijn. Stieren zijn, zeker als ze in paniek zijn, onvoorspelbaar en ongelooflijk sterk.

Kees en ik maken ons snel klaar en laten ons dan in het water zakken. 'Laten we hem van twee kanten tegemoet zwemmen', stel ik voor. Als ik tegen mensen zeg dat paarden en koeien kunnen zwemmen, kijken ze me raar aan. Maar het is echt zo, en hard ook. Al had ik een motortje op mijn rug, dan nog hield ik ze niet bij. Het heeft dus geen enkele zin om achter een te water geraakt beest aan te zwemmen.

'Oké, we sluiten hem in', zegt Kees, die koers zet naar de overkant. Daarna zwemmen we van twee kanten op het dier af, precies in zijn gezichtsveld zodat hij ons ziet aankomen en niet schrikt. Sinds een paar jaar woon ik op een boerderij. We hebben zelf geen dieren, maar onze buurman houdt koeien. Hij heeft ook een paar stieren en ik herinner me dat hij ooit vertelde hoe hij die in de hand houdt: aan de neusring trekken. Daar schijnen ze rustig van te worden. Ik besluit het te proberen.

We sluiten de stier in en dan pak ik de neusring. Het beest kijkt me wat verschrikt aan, maar als ik aan de ring trek, merk ik dat het werkt. Rustig zwemt hij met me mee. Ik grijns naar Kees. 'Even m'n stier uitlaten, hoor.'

Het is nog best een eind naar de kade, maar uiteindelijk komen we in de buurt. 'Touw!' roep ik naar de ploeg die op de kant staat. Dat wil ik aan de neusring knopen voordat de stier kan staan. Zodra hij de bodem onder zijn poten krijgt, kan hij nog weleens wild worden.

Er wordt een touw het water in geslingerd en ik knoop het aan de ring. Daarna zwem ik uit de buurt, gevolgd door Kees. Vanuit het water kijk ik toe hoe de stier naar de kant wordt gehaald. Op het ondiepe stuk blijft hij rustiger dan ik had gedacht. Waarschijnlijk heeft het zwemmen hem veel kracht gekost.

Rustig laat hij zich op de kant hijsen. Mijn collega's laten het touw vieren en de stier gaat er in draf vandoor, het weiland in. Als het kan, zullen ze zo proberen het touw los te maken, maar zorgt dat alleen maar voor extra stress, dan laten ze het zitten. Morgenochtend zal de boer het dan zelf wel doen.

Kees en ik klimmen op de kant en trekken onze pakken uit. Daarna nemen we plaats in het duikvoertuig. Via de doodstille wegen rijden we terug naar de kazerne. Het is bijna halfdrie als ik mijn warme deken weer over me heen trek.

KOP

Gerard / rijksweg A20 / dinsdagmiddag 15.26 uur

ALS WE AAN KOMEN rijden, zie ik op de vluchtstrook de brandweerauto van onze collega's al staan. Ze zijn met de tankautospuit gekomen, maar het materiaal dat daarin zit, is niet genoeg om hulp te kunnen verlenen bij de ingewikkelde beknelling waarvoor we vandaag zijn opgeroepen. Daarom komen wij met het hulpverleningsvoertuig, omdat daarin meer en zwaarder gereedschap zit dan in een tankautospuit.

We parkeren achter de auto van de collega's en stappen uit. Ik weet niet precies wat er is gebeurd, maar midden op de rijbaan staat een auto waarvan de voorkant en de rechterzijkant helemaal in elkaar zitten. Ik kijk er wat zorgelijk naar. Wie daarin zit, ligt behoorlijk in de kreukels. Een meter of twintig ervoor staat nog een auto, dwars over de weg. Van de achterkant is weinig over. Het asfalt van de A20 is bezaaid met glas en andere brokstukken.

Een van mijn collega's van de andere wagen komt naar me toe. Hij gebaart naar de achterste auto. 'Dit eh... Dit wil je niet zien, Gerard.'

Dat zal best, maar ik zal toch wat moeten gaan doen. Natuurlijk loop ik weleens met lood in mijn schoenen en dit is zo'n moment, maar desalniettemin beweeg ik me met ferme passen richting het achterste voertuig. Ik kijk via de bestuurderskant naar binnen en begrijp meteen wat mijn collega bedoelt. De auto zit helemaal onder het bloed: het plafond, de kapotte voorruit, wat er nog over is van de stoelen – alles is donkerrood. De stoel van de bestuurder is leeg, blijkbaar heeft de ambulancedienst hem al uit het wrak kunnen halen. Aan de passagierskant zit het dashboard zo'n beetje tegen de achterbank aan.

Mijn ploeg heeft het gereedschap uit de auto gehaald en mijn collega Guus en ik gaan aan de slag. Samen werken we ons met de hydraulische schaar en een spreider* door het autowrak heen. Ik zie naast het vele bloed ook lange zwarte haren. De schrik slaat me om het hart en er gaan allemaal vragen door me heen. Wie zat, of zit, er op de voorstoel? Een meisje? Ik kijk naar het gat in de voorruit. Het is groot genoeg voor een kind.

Guus en ik werken verder. Aan de voorkant is het bijna niet te doen om de auto ver genoeg uit elkaar te halen. Het blik is zo verwrongen, dat krijgen we zelfs met ons zware gereedschap niet uit elkaar. Als hier nog iemand in zit, is diegene hoe dan ook al overleden.

We verplaatsen ons naar de achterbank en proberen de passagiersstoel eruit te halen. Het kost even wat tijd en de nodige spierkracht, maar dan hebben we hem los. Ik kijk naar een stuk zwarte vacht.

'Het is een hond', zeg ik tegen Guus. Ik pak het overleden beest vast en probeer hem los te maken. Dan zie ik ook de oorzaak van het vele bloed.

'Zijn kop is weg.'

'Hoe bedoel je?' Guus kijkt me niet-begrijpend aan.

'Hij is onthoofd.' Ik staar naar het verminkte hondenlichaam en begrijp zelf ook niet hoe dit zo gekomen is. Ik zie de kop ook niet liggen. En bovendien: dat de hond door de klap en beknelling gewond is geraakt, is logisch, maar een kop valt er toch niet zomaar af?

We halen de hond uit de auto. De dierenambulance wordt opgeroepen om het beest af te voeren. Intussen zijn de collega's samen met de politie en de bergingsdienst begonnen om de ravage op de weg op te ruimen.

Een van de jongens uit mijn ploeg komt op me afgelopen. 'Gerard, kom eens kijken.'

Ik loop achter hem aan naar de plek waar de andere auto heeft gestaan. Een paar seconden heb ik nodig om me te realiseren waar ik naar kijk.

'Hoe kan dat nou?' vraag ik me hardop af, mijn blik gericht op de hondenkop op het asfalt. Ik schat de afstand tot de andere auto in. Het is zeker een meter of twintig.

Mijn collega wijst naar een aluminium koffertje, een paar meter verderop. Als we er goed naar kijken, zien we dat dat ook helemaal onder het bloed zit. 'Die zal wel op de hoedenplank hebben gelegen.'

Ik knik langzaam. Losse spullen op de hoedenplank of hoog opgestapeld in de achterbak zijn een groot gevaar bij een ongeval. Bij een noodstop schieten zulke spullen met enorme snelheid naar voren. Een koffertje als dit wordt dan een levensgevaarlijk projectiel.

Mijn collega staat hoofdschuddend naast me. 'Die had ook aan de linkerkant kunnen liggen.'

SLOW-WHOOP

Saskia / Utrecht / donderdagochtend 10.45 uur

'Deze drempel, daar kom ik niet overheen.'
Ik knik en maak een aantekening in mijn boekje, terwijl Theo van de bedrijfshulpverlening de rolstoel alsnog over de drempel duwt. Ik ben bezig met mijn eerste 'expeditie' in het kader van 'Geen nood bij brand', een project dat de brandweer voor zorginstellingen heeft ontwikkeld. Naast de reguliere controle op de bouwkundige staat van panden, de installatie en de bhv, gaan we bij zorginstellingen ook op pad met een cliënt om te controleren of iemand in staat is zelf actie te ondernemen bij brand. Kan de cliënt overal naar binnen, hangen brandslangen en alarmknoppen op de juiste hoogte, ook voor mensen in een rolstoel? Dat is belangrijk om te weten, en daarnaast heeft op pad gaan met een cliënt nog een belangrijk voordeel: hij of zij kan andere bewoners vervolgens vertellen wat ze moeten doen bij brand.

We zijn vandaag op pad met Peter, die in een rolstoel zit. Hij vindt het wel leuk en doet enthousiast zijn best.

'Kunt u bij de brandslanghaspel?' vraag ik.

Peter strekt zich uit en knikt. 'Ja, dat gaat.'

'En zou u hem kunnen pakken en uitrollen?'

Hij probeert het zonder de slang daadwerkelijk te pakken en hij knikt. 'Ja, dat zou wel lukken.'

'Mooi.' Ik maak een aantekening en loop verder naar de handmelder. In geval van brand zorgt één druk op die ontruimingsknop ervoor dat in het hele pand het slow-whoopalarm afgaat, ten teken dat er moet worden ontruimd. Bovendien gaat er meteen een automatische brandmelding naar de meldkamer en wordt er een tankautospuit op pad gestuurd.

De handmelder hangt een beetje hoog en geringschattend vraag ik: 'Kunt u daarbij?'

'Ja hoor.' Enthousiast heft Peter zijn hand.

'Néé!' roep ik nog geschrokken, maar ik ben te laat. Hij heeft de knop al ingedrukt en het luide gesnerp van de slow-whoop klinkt door het pand. Her en der gaan branddeuren dicht.

'O sorry', zegt Peter geschrokken. 'Ik dacht dat ik hem moest testen.'

Ik duik in mijn tas en haal mijn telefoon tevoorschijn. Ik moet eerst de alarmcentrale bellen om de melding te annuleren, voordat er een brandweerauto op pad gaat. Met het geluid van het alarm onverminderd op de achtergrond, geef ik aan de meldkamer door dat het om een loze melding gaat.

Net als ik ophang, komen er drie bhv-dames in oranje vestjes hijgend de gang in gehold. Vanwege het brandalarm mag de lift niet worden gebruikt en ze hebben net vier trappen beklommen als ze mij in mijn brandweeruniform zien staan.

'Wat is er aan de hand?' vragen ze gealarmeerd.

Dit lijkt me wel een mooi moment om door de grond te zakken. 'Eh... tja', stamel ik. 'We waren bezig met een rondgang en toen eh...'

MEISJES

Jaco / Arnemuiden / maandagavond 18.56 uur

'O, EN WIL JE even wat te eten meenemen?' Mijn vrouw Marije klinkt een beetje moe. 'Na al die voorbereidingen voor de kerstdagen heb ik even geen zin om vanavond te koken.'
'Doe ik', beloof ik. 'Tot straks.'
Ik hang op en rijd weg van de verlaten parkeerplaats. Ik weet zelf eigenlijk ook niet meer zo goed waarom ik na mijn werk naar de bloedbank ben gereden. De oproep om te doneren had ik al een tijdje in huis en net vandaag vond ik ineens dat ik moest gaan. Het zal de kerstgedachte wel geweest zijn. Uiteraard is de bloedbank op kerstavond helemaal niet open.
Ik heb zin in de kerstdagen die voor me liggen. Morgen moet ik overdag werken, maar dat is met kerst niet vervelend. Ik verheug me ook op het samenzijn met familie morgenavond. Marije kan heel lekker koken en heeft zich echt uitgesloofd. Geen wonder dat ze het voor vanavond wel gelooft.
Ze is niet de enige, blijkt als ik een uurtje later het Chinese restaurant in het dorp binnenkom. Ik groet hier en daar wat bekenden terwijl ik wacht tot mijn bestelling klaar is. Het loopt al tegen halfzeven als ik de twee tassen met eten overhandigd krijg.

'Fijne dagen!' roep ik tegen het echtpaar achter de toonbank. 'Tot ziens!'

Twee minuten later ben ik thuis. We eten. De kinderen hebben vakantie en praten honderduit over wat ze vandaag allemaal hebben gedaan. Na het eten verdwijnen zij naar de woonkamer en ruimen Marije en ik af. Met mijn hoofd zit ik bij de kerstdagen als plotseling de pieper gaat.

Binnenbrand Chinees restaurant, is de melding. Ik frons. Er is er maar één in Arnemuiden. Misschien is er iets misgegaan in de keuken.

'Ik ben weg!' roep ik naar Marije, terwijl ik mijn jas aanschiet. Vrijwel direct na de melding wordt er al opgeschaald naar 'middelbrand'*, wat betekent dat er vanuit Middelburg ook een tankautospuit deze kant op komt. Binnen een minuut ben ik op de kazerne. We zijn meteen compleet en gaan op pad. Het is vrijwel om de hoek. Mijn collega Piet, die ook achterin zit, heeft op weg naar de kazerne gehoord dat er grote vlammen te zien waren. Meteen maakt de bevelvoerder de melding 'grote brand'*.

Nog geen minuut later rijden we de straat in. Het vuur bulkt uit de gesprongen ramen op de bovenverdieping van het pand. Het restaurant is beneden, de familie woont erboven. De vraag hoe het zo snel uitslaand is geworden gaat door me heen, maar is nu niet het belangrijkste. We springen uit de auto. De vrouw die ik nog geen uur geleden fijne kerstdagen toewenste, roept in paniek dat haar vier dochters nog binnen zijn.

'Waar zijn ze?' vraag ik.

Ze wijst naar boven. Ik kijk naar de vlammen. Een heel zwaar gevoel overvalt me. Ik probeer erachter te komen waar de kinderen zich precies bevinden, maar de vrouw is zo in paniek dat ze bijna niks kan uitbrengen. Ik herinner me dat er vanuit het restaurant een trap naar boven is. Samen met Geert vorm ik de aanvalsploeg.

De benedenverdieping is begaanbaar en we rennen naar binnen. Er is geen rook. De trap is goed zichtbaar, maar het is een trap van vuur. Een bizar gezicht: de treden, de leuning, de zijkanten – ik herken alle vormen, maar er is geen centimeter die niet brandt. Het vuur is zo heftig dat het niet rookt en we kunnen recht naar boven kijken, maar deze weg is afgesloten.

Snel checken we in de keuken of er geen gas openstaat. Dat blijkt niet zo te zijn en we haasten ons naar buiten. Daar zijn mijn collega's al bezig een ander plan te maken. Nu we niet via de benedenverdieping naar binnen kunnen, is de enige optie een klein raampje aan de voorkant van het pand, waar nog geen vlammen uitslaan. Mijn collega Leo klimt via de ladder omhoog. Hij slaat het raam in met een bijl en klimt naar binnen, gevolgd door Geert, en daarna ga ik ook. In het kleine slaapkamertje waar we terechtkomen is nog geen vuur, al staat het vol rook en is het er warm. In de kamer is niemand, achter de deur woeden de vlammen. We hebben goede pakken, maar dwars door het vuur kunnen wij ook niet. We weten dat we maar één ding kunnen doen. En moeten doen, want hoewel we blussen, rukt het vuur steeds verder op. Maar geen van drieën willen we naar buiten.

'Jullie moeten er nu echt uit', krijgen we van de OvD door. We weten het zelf ook: het wordt te gevaarlijk. De vlammen gaan hard en bovendien dreigt instortingsgevaar. Een voor een klimmen we door het raam, via de ladder naar beneden. Als ik op straat sta, kijk ik omhoog. Het kamertje is nu ook gehuld in een oranje gloed.

Opgeven kunnen we nog niet. We rennen naar de achterkant, maar daar slaan de vlammen uit alle ramen. We raken door onze opties heen. Het pand is de hoek van een rijtje, maar ook via het naastgelegen woonhuis kunnen we niks. De tijd tikt verder.

De OvD en de bevelvoerders nemen de beslissing. De reddingsactie wordt gestopt. Het enige wat we nog kunnen doen, is blussen. Uren en uren duurt het. De ouders zijn door de politie weggebracht. Laat in de avond neemt de OvD de beslissing de eerste twee ploegen terug naar de kazerne te sturen. Ik wil eerst niet, ik wil op de plek van de brand blijven. Maar de inzet is al heftig genoeg geweest. Hij heeft gelijk.

We gaan terug. Op de kazerne zitten we bij elkaar. De verslagenheid is groot, er zijn tranen, iedereen doet z'n verhaal en samen maken we elkaars plaatjes compleet. Dat is belangrijk voor de verwerking, dat niemand met vragen blijft zitten. Pas als we allemaal het gevoel hebben dat het in elk geval voor nu weer gaat, gaan we naar huis.

Thuis staat de tv aan. Het journaal heeft al beelden. Marije zit te kijken. Ik kijk mee en ook al ben ik erbij geweest, ik kan het nog steeds niet geloven. Het wordt dit jaar geen mooie kerst.

LIFT

Albert / Heemskerk / zaterdagavond 18.54 uur

'Wat is precies de bedoeling?'
'Dat hij naar beneden wordt gebracht.'
Ik frons. 'Is er geen lift?'
'Die is kapot.' De man aan de andere kant van de lijn haalt diep adem. 'Het zit zo: mijn zoon is erg ziek, hij heeft de ziekte van Duchenne. Hij zit in een verpleeghuis en vanavond mag hij aanwezig zijn bij een speciale avond van AZ. Hij is dol op voetbal, dus u begrijpt hoe belangrijk dit voor hem is.'
Ik knik. 'Maar hij kan niet weg, omdat de lift het niet doet?'
'Precies. Hij zit op de derde etage. Er is al een monteur geweest, maar die kan hem nu niet repareren. Waarschijnlijk morgen pas. Het is zo sneu, mijn zoon had zich zo verheugd op deze avond. Maar met zijn speciale rolstoel krijgen we hem nooit de trap af getild. Die stoel weegt zonder hem erin al meer dan honderd kilo.' De man slikt. 'Dus ik dacht: misschien kan de brandweer iets betekenen.'
'Ik ga eens even kijken', beloof ik.
Ik hang op en neem contact op met de meldkamer. Op zich is dit een klus die wij makkelijk kunnen klaren. Als een patiënt om

wat voor reden dan ook niet via de trap naar beneden kan worden vervoerd, roepen ambulancemedewerkers ook onze hulp in. Wij hebben de uitrusting om iemand de trap af te tillen of desnoods via het raam naar buiten te takelen. Ook al is er in dit geval geen medische noodzaak, ik ben vast van plan deze man te helpen.

Via de meldkamer laat ik een ploeg oproepen. Binnen een kwartier staan we met z'n zessen bij het verpleeghuis. We lopen naar boven. Ik schud de vader de hand en daarna de man zelf, die ik een jaar of twintig schat. Hij draagt een AZ-shirt en zit te glunderen bij het vooruitzicht dat hij vanavond toch nog naar zijn favoriete voetbalclub gaat.

Met mijn ploeg maak ik een plannetje. 'We tillen eerst de rolstoel van de trap en daarna de patiënt zelf', zeg ik. De ploeg gaat meteen aan de slag. Met touwen lukt het ons om de zware stoel inclusief accu's en zuurstofflessen gecontroleerd van de trap te laten afdalen. Daarna gaan we terug om de man zelf op te halen. Nog geen halfuur na onze aankomst zit hij in zijn rolstoel in een speciale bus en zwaaien we hem uit. Daarna kijken we elkaar tevreden aan.

Een paar uur later staan we weer met z'n allen bij het verpleeghuis. De rolstoelbus rijdt het parkeerterrein op.

Ik glimlach. 'Dan gaan we je nu weer naar boven brengen.'

Deze keer gaan we het niet redden met tillen alleen, aangezien omhoog wat lastiger is dan naar beneden. Daarom heb ik een autoladder met een brancarddrager laten komen. Via de achterkant van het pand hijsen we de patiënt naar boven. Ik loop nog even naar hem toe. Hij is moe, maar hij straalt en daar gaat het om.

OP DE KOP

Marco / Drachten / zondagochtend 10.01 uur

Ik wil net de eerste slok nemen van mijn koffie als het geluid van de pieper door de keuken klinkt. Een beetje spijtig kijk ik naar mijn kopje en reik daarna naar de pieper die op tafel ligt.
Ongeval met beknelling, lees ik in het schermpje. Er staat een adres bij achter Burgum, ongeveer twintig minuten rijden.
'Tot straks!' roep ik tegen mijn vrouw. Ik stap in de auto en terwijl ik de oprit af rijd, meld ik me in. Via de porto heb ik contact met de bevelvoerder van het korps ter plaatse.
'De bestuurder heeft de macht over het stuur verloren', praat hij me bij. De auto is tegen een boom geknald, is teruggeschoten en toen op de zijkant terechtgekomen. Nu ligt hij met het dak tegen een boom en de achterkant boven de sloot.'
Ik probeer de situatie voor me te zien. 'Slachtoffers?'
'De bestuurder zit bekneld met zijn benen, zijn vrouw is zelf uit de auto geklommen.' De bevelvoerder schraapt zijn keel. 'Het is heel lastig om bij het slachtoffer te komen. We kunnen het dak er niet af halen omdat het tegen die boom ligt en via de zijkant lukt het ook niet. Maar de ambulancebemanning wil hem er wel snel uit hebben, ze weten niet of hij stabiel blijft. Hij is bij kennis, maar voelt zich niet goed.'

Terwijl ik naar het ongeluk rijd, probeer ik alvast een oplossing te bedenken. Een auto met een slachtoffer erin verplaatsen gaat in tegen het protocol. Het slachtoffer moet te allen tijde stabiel blijven en die stabiliteit is niet te garanderen als de auto wordt verplaatst. Aan de andere kant: als de man echt niet bereikbaar is, is er misschien geen andere oplossing. We kunnen hem er moeilijk in laten zitten.

Als ik ter plaatse kom, komt de bevelvoerder al op me af. Samen lopen we naar de gecrashte auto. De situatie is precies zoals de bevelvoerder die omschreef: het voertuig ligt op z'n linkerzijkant, de bestuurder onderin. Het dak is zo ingedeukt dat de boom bijna in het midden van de auto staat. De voorkant zit in elkaar gedeukt en dat is de oorzaak dat de gewonde man met zijn benen bekneld zit.

'Ze waren op weg naar de kerk', verklaart de bevelvoerder als hij me naar het slachtoffer ziet kijken. De man draagt een keurig zwart pak.

In de auto zit iemand van de brandweer. Hij is via de bijrijderskant naar binnen geklommen en probeert de man nu stabiel te houden. Beweging kan inwendige verwondingen veroorzaken of verergeren.

'Hij moet er echt uit.' De ambulanceverpleegkundige komt naar me toe. 'Hij is nu wel aanspreekbaar, maar ik weet niet hoelang hij nog stabiel blijft. Hij geeft aan dat hij zich echt niet lekker voelt.'

'We gaan eerst de voorruit eruit halen', besluit ik dan. Misschien hebben we geluk en krijgen we de man er zo uit, en sowieso kunnen we op die manier beter contact met hem maken.

Het verwijderen van een ruit is een klusje van niks en nog geen twee minuten later ligt het raam in het gras. Het ambulancepersoneel praat met de man, de brandweermensen proberen of ze hem zo los kunnen krijgen, maar dat blijkt al snel een kansloze missie.

'We moeten die benen loskrijgen', zeg ik tegen de bevelvoerder. 'Haal de motorkap er maar af. Misschien kunnen we dan het dashboard losmaken en op die manier de benen bevrijden.'

Ik acht de kans dat het lukt niet heel groot, maar het is het proberen waard. Veel andere opties hebben we op dit moment ook niet. De ploeg gaat weer aan de slag. De motorkap wordt losgeknipt en ze proberen langs de motor onder het dashboard te komen, maar jammer genoeg lukt het niet.

De bevelvoerder komt weer naar me toe. 'We komen er gewoon niet bij.'

Ik haal diep adem en denk na, maar schud mijn hoofd. 'Zie jij nog mogelijkheden?'

De bevelvoerder weet het ook niet. De mogelijkheden die het protocol ons biedt, zijn een beetje uitgeput. We zouden om een kraan kunnen vragen, maar die moet voor dit gebied uit Leeuwarden komen. Aanrijtijd: een halfuur. Die tijd hebben we niet, het ambulancepersoneel vindt het nu al veel te lang duren. Het is tijd voor andere maatregelen.

'Wacht maar', zeg ik, en ik draai me om. We staan hier midden op het platteland. Een meter of vijftig verderop staat een grote boerderij. De politie heeft een afzetlint gespannen, waarachter zich een behoorlijke groep mensen heeft verzameld. Ik loop naar het lint.

'Wie is de eigenaar van die boerderij?' roep ik.

Er gaat een hand omhoog. 'Daar woon ik!' roept een vrouw.

'Heeft u een trekker met een voorlader?'

'Nee, die hebben we niet.'

'Wie heeft er wel eentje in de buurt?'

De vrouw denkt even na. 'Het loonbedrijf', zegt ze dan. 'Dat is tweehonderd meter verderop.'

'Mooi', zeg ik. 'Wilt u naar het loonbedrijf gaan en die trekker halen?'

'Ik ben zo terug.' De vrouw rent op een drafje weg. Ik draai me om en laat de bevelvoerder weten wat ik van plan ben. Het hulpverleningsvoertuig* heeft een lier. Daarmee kunnen we de auto wel zelf weer rechtop zetten, maar zodra de wagen door het dode punt heen gaat, zijn we de controle kwijt. Hij zal te snel zakken en een paar keer stuiteren. Levensgevaarlijk voor het slachtoffer en voor de hulpverleners in de auto. Daarom heb ik een trekker met een voorlader nodig om de auto op te vangen en heel voorzichtig te laten landen. De bevelvoerder knikt als ik mijn plan uit de doeken doe. We weten allebei dat het verre van ideaal is, maar een andere mogelijkheid zien we gewoon niet.

Nog voor ik ben uitgesproken, meldt de vrouw zich alweer bij het lint.

'Hij komt eraan', zegt ze. Achter haar zie ik de trekker al naderen. Voorop zit een grote bak.

Het publiek wijkt uiteen en doet het lint aan de kant. De chauffeur springt op de grond. 'Wat kan ik doen?'

'We gaan proberen die auto weer op z'n wielen te zetten', zeg ik met een armgebaar naar het gecrashte voertuig. 'Het slachtoffer zit er alleen nog in. Wat ik wil, is de auto met de lier aantrekken en dan vangt u hem op met de bak en laat hem langzaam zakken tot die twee wielen weer op de grond staan.'

De man verblikt niet. 'Prima. Dan ga ik alleen even terug om de bak te verruilen voor palletvorken. Dat werkt beter, volgens mij.'

'Hoelang duurt dat?'

'Twee minuten.'

Ik knik. 'Perfect.'

Terwijl de trekker weer wegrijdt, bevestigen wij de lier aan de onderkant van de auto. De brandweerman klimt uit het voertuig, de ambulanceverpleegkundige erin. De trekkerchauffeur houdt woord: precies twee minuten later staat de trekker naast de auto. Voorop zitten twee ijzeren palletvorken.

Waar ik normaal erg voorstander ben van werken in overleg, moet ik nu even de regie in eigen hand nemen. Ik ga voor de auto staan zodat ik het slachtoffer en de ambulanceverpleegkundige goed in de gaten kan houden. 'Als er iets niet goed gaat, roepen!' maak ik de man duidelijk. Hij steekt zijn duim op en knikt.

'Oké, lier spannen!' roep ik naar de brandweerman die de lier bedient. 'Ja, verder, aantrekken. Rustig aantrekken.' Tegelijkertijd maak ik de trekkerchauffeur duidelijk dat hij alert moet zijn. Hij steekt zijn duim op. Als een dirigent sta ik voor het orkest.

Er klinkt gekraak als de auto begint te kantelen. De trekkerchauffeur heeft keurig de palletvorken tegen de onderkant geplaatst, zodat de auto volledig onder controle beweegt: met de lier wordt de auto tegen de vork gedrukt. Als de auto over het dode punt heen is getrokken, zet de trekkerchauffeur de vorken in beweging en laat de auto uiterst langzaam en voorzichtig zakken. Ik haal opgelucht adem als de twee wielen bijna zonder geluid de grond raken.

De trekker rijdt achteruit. Meteen gaat de brandweerploeg aan de slag. Nu kan het dak van de auto geknipt, de deur wordt eruit gehaald. Slechts een paar minuten later wordt de man op de brancard gelegd.

Drie weken later meldt hij zich op een oefenavond van het brandweerkorps. Hij brengt een grote taart mee en zegt met een glimlach dat hij niks anders dan een verstuikte enkel aan het avontuur heeft overgehouden.

KETTING

Gerard / Rotterdam / zaterdagavond 23.54 uur

We zijn op weg naar een woning in een van de buitenwijken van de stad. De informatie van de meldkamer reikt niet verder dan dat wij op pad zijn voor 'een hulpverlening'. Dat kan van alles betekenen: van een gaslucht of waterschade tot een grote brand. Ik vind het apart dat er verder geen info is, aangezien de meldkamer bij elke melding zorgvuldig uitvraagt wat er precies loos is.

De chauffeur zet de auto stil voor een rijtjeswoning in een rustige straat. Terwijl de hele ploeg uitstapt, gaat de voordeur al open. Een man in een joggingbroek en een T-shirt doet open en kijkt wat zorgelijk naar de hele delegatie die ineens op zijn deurmat staat.

'Ehm... misschien is het handiger als er een paar man buiten blijven', zegt hij, krabbend op zijn achterhoofd. 'Ik zorg wel dat er koffie komt. En dan met twee man naar binnen of zoiets?'

Ik frons. 'Zegt u anders eerst eens wat er aan de hand is.'

Hij kijkt wat beschaamd. 'Dat zal ik binnen wel vertellen.'

Ik vind het nogal een vreemd verhaal en besluit bij het protocol te blijven. 'Het is toch noodzakelijk dat de hele ploeg mee naar binnen gaat.'

'O...' De man denkt even na en zet vervolgens een stap opzij. 'Nou ja, kom maar dan.'

We lopen naar de woonkamer. Boven de bank hangen twee levensgrote schilderijen van een prachtige naakte vrouw. Ik werp er een blik op en kijk dan de andere kant op. Wat mensen aan de muur hangen moeten ze natuurlijk zelf weten, maar ik voel me licht ongemakkelijk.

'Kunnen we het dan zo doen dat er twee man mee naar boven gaan en dat de rest beneden blijft?' vraagt de man. 'Het is nogal eh... Tja.'

Ik kijk mijn collega Hans aan, een van de jongens van de ploeg met wie ik al heel lang werk. 'Goed, laten wij met z'n tweeën naar boven gaan om even te kijken', zeg ik, omdat ik zie dat de man het nogal moeilijk heeft. 'Dan zien we daarna wel hoeveel man er boven nodig zijn.'

Ik bespeur enige opluchting bij de bewoner. Hij gaat ons voor, twee trappen op naar zolder. 'Niet schrikken', zegt hij nog, voordat hij de deur opendoet.

Ik blijf staan in de deuropening. Schrikken is het woord niet, ik word eerder overvallen door complete verbijstering. Ik weet niet wat ik wel had verwacht, maar dit was het niet. Overal waar ik kijk, zie ik sm-attributen. Palen, schommels, kettingen, pakken, zwepen, riemen – de hele zolder staat vol. Tegen de achterwand bevindt zich een enorm X-kruis. De vrouw die ik beneden op het schilderij heb gezien, zit er poedelnaakt aan vastgeketend. Er hangen wat losse kettingen om haar heen, maar in het midden van het kruis zit een groot slot waar een paar ketens bij elkaar komen.

'Ik krijg haar niet meer los', verklaart de man.

'Goedenavond', zeg ik tegen de vrouw.

Ze knikt en mompelt wat. 'U wilt niet weten hoe ik me schaam.'

'Ach mevrouw, we maken wel gekkere dingen mee', zeg ik terwijl ik mijn stem geruststellend laat klinken. Ik durf op dit moment niet met zekerheid te zeggen dat wat ik zeg echt waar is, maar dat doet nu even niet ter zake. 'We gaan u helpen.'

Hans loopt naar beneden om een grote schaar uit de auto te halen. Nog geen tien minuten later is het slot doorgeknipt en haal ik de kettingen los.

'Ach ja', zegt de vrouw, die inmiddels de humor er ook wel van inziet. 'Wat maakt het ook eigenlijk uit. De een gaat naar de sauna en wij doen dit.'

'Precies', zeg ik opgeruimd. Ik kijk het tweetal aan. 'Wij gaan er weer vandoor. Een prettige avond nog.'

MOPJE

Anka / Groningen / vrijdagavond 20.53 uur

Zo AAN HET BEGIN van het weekend wil het nog weleens gebeuren dat deze of gene de week afsluit met een drankje. Of meer dan één. Ook de man die vanavond zijn auto met grote snelheid tegen een boom heeft geparkeerd, is enigszins beneveld. Zijn vrouw is al uit de auto gehaald, maar de man zit bekneld en mijn collega's hebben even tijd nodig om het verwrongen blik rond hem weg te knippen. Zelf ben ik met enige moeite op de achterbank gekropen, waar ik nu probeer de nek van de man stabiel te houden. Op straat is een grote oploop ontstaan. De bestuurder van de auto woont op het nabijgelegen woonwagenkamp en al zijn makkers zijn uitgelopen.

Ik moet mijn best doen om het slachtoffer bij kennis te houden. De drank en de klap van het ongeval maken dat hij de hele tijd wegvalt. Als hij nu bewusteloos raakt, is de kans groot dat hij het niet overleeft. Daarom geef ik hem keer op keer een paar zachte klappen tegen zijn wang.

'Hé, wakker worden!'

De man komt weer bij. 'Huh?'

'Zeg, moet ik Nederlands tegen je praten of ken ik Grunnings proaten?'

Hij grinnikt een beetje. 'Grunnings ken ook wel, hoor.'
'Dan ga ik Grunnings proaten. Moet ik je 'n mopje vertel'n?'
De man maakt een langgerekt geluid en valt dan weer weg.
'Hé', zeg ik met weer wat zachte klapjes op zijn wang. 'Wakker blijven.'
'Wat?'
'Ik zou je een mopje vertellen. Let op. Komt een man bij de dokter...'
Het kost me moeite om de man bij kennis te houden, vooral omdat ik na vijf minuten al door mijn repertoire aan moppen heen ben. Als hij weer wegvalt, besluit ik de rollen om te draaien.
'Vertel jij nu eens een mopje?'
Er komt niet veel samenhangends uit, maar zolang de man praat, is er al veel gewonnen. Als hij weer het bewustzijn dreigt te verliezen, neem ik het over.
'Dit is ook een goeie. Een Belg, een Nederlander en een Duitser...'
Tien minuten en zes geïmproviseerde moppen later hebben mijn collega's de auto open. Met z'n allen halen we de man zo stabiel mogelijk uit de auto. Dan wordt hij op de brancard gelegd en met loeiende sirenes naar het ziekenhuis gebracht. Ik hoop maar dat hij het haalt.

MOTOR

Gea / Koekange / zaterdagmiddag 14.51 uur

'Autobrand', zeg ik tegen mijn man als de pieper gaat. Snel trek ik mijn jas aan en terwijl ik de voordeur uit ren, roep ik nog dat ik zo weer terug ben.

Het gebeurt met enige regelmaat dat er auto's in vlammen opgaan, zelden zijn het uitgebreide inzetten. De ene keer duurt het wat langer dan de andere, afhankelijk van hoelang geleden de eigenaar heeft getankt. Zelden kunnen we voorkomen dat het voertuig total loss moet worden verklaard.

Ik stap achter in de tankautospuit en we gaan op weg. De opgegeven locatie is nog geen kilometer rijden. De bevelvoerder meldt ons in bij de meldkamer.

'Aanvullende informatie,' geeft de centralist door, 'er ligt iemand onder de auto bekneld.'

Meteen zit ik rechtop in mijn stoel. 'Hoe bedoel je?'

'Er is een motorrijder onderuitgegaan en onder die auto geschoven. Waarschijnlijk is eerst de motor gaan branden en daarna ook de auto.'

Dit verandert de zaak. Er is ook geen tijd meer om een plan te maken, want we zijn al ter plaatse.

De hoop dat het misschien meevalt met de brand, wordt meteen de kop ingedrukt. De vlammen slaan uit de auto. We kunnen niet dichtbij komen, laat staan dat we de auto kunnen verplaatsen om het slachtoffer eronder vandaan te halen. Alleen de hitte die van de brand komt is al veel te gevaarlijk.

We beginnen te blussen, maar het water lijkt amper iets uit te halen. De benzine en olie van zowel de motor als de auto zorgen voor zoveel brandstof, dat er bijna niet tegenaan te blussen valt. We gaan wel door, maar feitelijk zullen we moeten wachten.

En dat is frustrerend. Met elke seconde die wegtikt, worden de kansen van de motorrijder kleiner. Er arriveert een ambulance, diverse politieauto's komen aan. Maar geen van allen kunnen ze wat uitrichten.

Het duurt zeker een kwartier tot we iets kunnen doen. Zodra we erbij kunnen, halen we de man onder de auto vandaan. Hij gaat meteen in de ambulance. Ik vang een glimp van hem op. Het ziet er niet goed uit.

We hadden het niet kunnen voorkomen, houd ik mezelf voor als we terugrijden naar de post. Het is mijn manier om hiermee om te gaan. We hebben gedaan wat we konden, maar de frustratie blijft.

PANNETJE

Anka / Groningen / dinsdagavond 18.12 uur

'Zijn er nog mensen in het pand?'

Ik kijk langs de gevel van het oude grachtenpand omhoog. Op de tweede verdieping zijn vlammen te zien, uit de gesprongen ramen komen rookpluimen naar buiten.

De jonge man die voor me staat schudt zijn hoofd. 'Nee, iedereen die thuis was, staat daar.' Hij wijst naar een groepje studenten dat bij onze brandweerauto staat. Dat is goed nieuws, want in zo'n oud pand grijpt brand over het algemeen snel om zich heen.

'Er stond een pannetje op het vuur', zegt de jongen. 'Misschien is dat de oorzaak van de brand? Volgens mij was de rook het ergst in de keuken, maar ik moet eerlijk zeggen dat ik vooral bezig ben geweest met iedereen waarschuwen.'

'We gaan kijken', zeg ik. Twee collega's zijn het pand al binnengegaan, ik vorm samen met Jorgen vandaag de waterploeg en we gaan met slangen achter hen aan.

In het trapportaal hangt al heel wat rook. Hoe verder we de trap op lopen, hoe dikker de rook wordt. We lopen de eerste verdieping voorbij. De aanvalsploeg zal hier kijken of er misschien toch nog mensen zijn, Jorgen en ik concentreren ons op de brand zelf.

Het duurt even voordat we de keuken hebben gevonden. In de dichte rook en de vlammen die inmiddels om zich heen hebben gegrepen, zien we geen hand voor ogen. Uiteindelijk komen we in de juiste ruimte. Vlak voor het fornuis sta ik stil. 'Ha, daar hebben we de boosdoener', zeg ik door mijn ademlucht*masker heen tegen Jorgen, die vlak naast me staat. Van het pannetje is bijna niks meer over, maar de vlammen slaan ervanaf en hebben de keuken al in lichterlaaie gezet.

Terwijl we blussen, probeer ik zicht te krijgen op de rest van de ruimte. Ik doe een paar stappen naar links en zie iets wat op een beschadigde bank lijkt. Het kost me een paar seconden om tot me te laten doordringen wat mijn ogen nog meer zien.

'Jorgen!' roep ik hard naar mijn collega. 'Slachtoffer!'

Meteen is de hele situatie anders. Van het blussen van een standaardbrand verandert dit in een reddingsactie. Met z'n tweeën tillen we de vrouw van de bank. Ze hangt voorover en is buiten bewustzijn. Samen nemen we haar mee naar beneden, waar we haar overdragen aan de preventief opgeroepen ambulance. Ze heeft heel wat rook ingeademd, maar ze leeft.

Snel gaan Jorgen en ik terug om onze collega's te helpen bij het blussen. Van het pannetje is inmiddels niks meer over.

TREIN

Davy / Ede / maandagavond 19.50 uur

'Zullen we beginnen?' Jaap, de bevelvoerder, neemt het woord en hier en daar verstommen de gesprekken. Het is onze wekelijkse oefenavond en we staan met z'n allen op het oefenterrein achter de kazerne. 'Goed', zegt Jaap als hij de aandacht heeft. 'Wat we vanavond gaan doen is...'

Ineens gaan alle piepers af: *Aanrijding op het spoor.*

Met z'n allen vliegen we naar binnen. Voor we het weten, zitten we al in de tankautospuit. Er heeft inderdaad een aanrijding plaatsgevonden op het spoor, blijkt uit de melding. Vermoedelijk gaat het om een persoon, maar dat is nog niet helemaal duidelijk.

Onze kazerne zit vlak bij het spoor en we hoeven amper gas te geven om op de plek van het incident te komen. Dat betekent ook dat er amper tijd is om na te denken. In de opleiding leer je om de tijd die nodig is om ter plaatse te komen, te gebruiken voor beeldvorming, maar dat gaat nu even niet.

Midden op het spoor staat een grote goederentrein stil. We stappen uit de auto en lopen ernaartoe. Voor op de locomotief zit bloed. In het voorbijgaan zie ik een jas onder de trein. Het gaat dus inderdaad om een persoon, denk ik, terwijl er een rilling over mijn rug gaat. Ik heb dit nooit eerder meegemaakt.

'Davy!' De bevelvoerder roept me en ik draai me om. 'Jij gaat met de warmtebeeldcamera zoeken.'

Ik knik en haal de camera uit de auto. Samen met twee collega's ga ik op zoek langs het spoor. Het is al helemaal donker, maar dankzij de warmtetechnologie in de camera licht alles wat warm is, wit op op het scherm. We beginnen te lopen.

Binnen twee minuten zie ik al iets wits op het scherm, verscholen tussen de bosjes. Meteen zit mijn hart in mijn keel. Daar hangt het eerste stukje, schiet het door me heen, terwijl ik me in gedachten probeer voor te bereiden. Ik ben niet bang, maar ik moet wel een paar denkbeeldige drempels over als ik er dichter naartoe loop.

Ineens beweegt het wit. Er komt een man tevoorschijn uit de bosjes. Nu pas zie ik dat er huizen vlak aan het spoor zijn gebouwd. De bosjes vormen de afscheiding van de tuin en de bewoner is een kijkje gaan nemen toen hij hoorde dat er iets aan de hand was.

We lopen verder. Vanuit de verte zwelt het geluid van een helikopter aan, ik zie zoeklicht. De traumahelikopter, vermoed ik. Er zijn inmiddels ook de nodige ambulances en politieauto's ter plaatse.

'Jongens!' Van verderop roept een collega. Snel lopen we naar hem toe, hij wijst naar de rails. 'Hier ligt iets.'

Ik richt de camera erop. 'Volgens mij is het een kat.'

'Zou het dan toch niet om een persoon gaan?' vraagt mijn collega zich hardop af. Ik haal mijn schouders op. Er is ook die jas, dus het lijkt me sterk. Aan de andere kant, het is vanavond Halloween en dan kunnen er rare dingen gebeuren. Wie weet heeft iemand gewoon een jas op het spoor gelegd als onderdeel van een of andere enge Halloween-viering. Of heeft iemand een kat in een jas gewikkeld en op het spoor gegooid toen er een trein aankwam. Een luguber idee, maar we maken wel vreemdere dingen mee.

Een meter of twintig verderop ontstaat reuring. Ik voel mijn knieën trillen als we die kant op lopen. Er ligt iets op de rails, zie ik onderweg. Kleine, rechthoekige dingen die ik pas in tweede instantie herken als pasjes. We rapen ze op. Er zit een toegangsbewijs bij van het casino, eerder vandaag. We overhandigen het stapeltje aan de politie.

'Het is hem', zegt een collega, die onze kant op komt. 'We hebben hem gevonden.'

Ik hoef niet verder te lopen. Het voegt niks toe als ik er ook nog met mijn neus bovenop ga staan, vooral niet voor mijzelf. Toch werp ik een blik in die richting. Ik tril een beetje en weet niet goed wat ik hiermee moet. Het is heftig, maar tegelijkertijd zo bizar dat het onecht lijkt.

Een collega komt voorbijgestoven. Ik kijk verwonderd. 'Er is een geparkeerde motor gevonden', verklaart een andere collega. 'Precies dezelfde als die van zijn vader.'

Gelukkig heeft mijn collega even later de nietsvermoedende vader aan de telefoon.

Op de plaats van het incident gaat de standaardprocedure draaien. Er lopen rechercheurs naar het slachtoffer, mensen met camera's, iemand van de uitvaartonderneming in een witte overal met blauwe hoezen over zijn schoenen. Ik zet nog een paar passen naar achteren, mijn collega's doen hetzelfde. We wachten een tijdje om te zien of onze hulp nog nodig is. Dat blijkt niet het geval en uiteindelijk keren we terug naar de post.

Er is koffie. We praten wat na. Ik tril nog steeds, maar dat zal wel door de adrenaline komen. Hoewel ik niet eens zoveel heb gedaan, hakt deze inzet er behoorlijk in. Van meer ervaren collega's had ik al eerder begrepen dat het altijd heftig is als iemand voor de trein springt en ik begrijp nu waarom. Het verwrongen lichaam blijft op mijn netvlies hangen.

Mijn pieper gaat opnieuw. Ik draai deze week piketdienst voor allerlei kleine incidenten waarvoor niet het hele korps gealarmeerd hoeft te worden. De meldkamer vraagt of we naar het station kunnen gaan om de trein af te spuiten.

'Wil je?' vraagt de bevelvoerder.

Ik aarzel even, maar knik dan. De knop moet ook weer een keer om en dit is nu eenmaal onze taak. We stappen in de tankautospuit en gaan die kant op. Op het station blijf ik een beetje achteraf staan. Ik heb de trein vanavond al een keer van dichtbij bekeken en ik heb er geen behoefte aan het nog een keer te zien.

Pas rond middernacht kom ik thuis. Mijn vader, ook brandweerman, is opgebleven. 'Gaat het?' vraagt hij als ik binnenkom. Ik knik. Ik denk het.

De volgende ochtend. Ik kan niet zeggen dat ik goed heb geslapen. Elke keer als ik mijn ogen sloot, kwam dat beeld weer terug. Maar uiteindelijk heb ik toch nog een paar uurtjes gepakt en nu ben ik onderweg naar het bedrijf waar ik stage loop. Ik hoop dat de afleiding van werken me goed zal doen.

De eerste die ik tegenkom is mijn manager. 'Môge,' begroet hij me, 'hoe is het?'

'Wel oké', antwoord ik en ik praat hem bij over wat ik gisteravond heb meegemaakt. Ik denk dat ik vandaag gewoon kan werken, maar ik vind het wel goed dat hij het weet.

Hij knikt en kijkt me bezorgd aan. 'Hoe voel je je nu?'

'Ik weet het eigenlijk niet precies.'

'Nee, dat begrijp ik. Zie maar hoe het vandaag gaat.'

Ik knik en loop door richting mijn werkplek. Bij de koffieautomaat kom ik een andere collega tegen, met wie ik goed overweg kan. Ze heeft half opgevangen wat ik net heb verteld.

'Wat heftig', zegt ze begrijpend, als ze koffie voor ons allebei pakt.

Ik knik. En dan ineens begin ik tot mijn eigen verbazing te huilen. Mijn collega slaat een arm om me heen. Ik weet zelf eigenlijk niet waarom het me zoveel doet, maar het beeld van gisteravond staat ineens weer op mijn netvlies.

Een halfuur later is er nog niks uit mijn handen gekomen. Ik loop een beetje rond en vraag me af wat ik eigenlijk kom doen.

Uiteindelijk bel ik mijn vader. 'Ik weet niet wat het is, pa, maar het gaat echt niet', zeg ik, terwijl er alweer tranen in mijn ogen staan.

'Dan ga je nu Johan bellen', zegt hij.

Johan zit als bevelvoerder bij ons korps. Hij is een ervaren brandweerman en ik ben niet de eerste die z'n hart bij hem komt uitstorten. We hebben ook een BOT*, maar eigenlijk is Johan voor ons korps de onofficiële variant daarvan.

'Kom maar naar de kazerne', zegt hij meteen. 'Ik ben er over een halfuur.'

Ik meld me ziek bij mijn manager, die gelukkig alle begrip heeft. Precies dertig minuten later sta ik bij Johan op kantoor. Mijn vader is er ook. Ik denk dat Johan al zijn werkafspraken voor me heeft afgezegd, want hij heeft alle tijd. We nemen het hele incident door: van de melding tot aan het napraten op de kazerne. We hebben het over de persoon die deze keuze heeft gemaakt en over het beeld dat maar niet van mijn netvlies wil verdwijnen. Het doet me goed om erover te praten. Langzaamaan krijg ik een beter gevoel en kan ik gaan loslaten. Wij hebben ons werk goed gedaan, het was technisch gezien een foutloze inzet. We hadden deze man niet kunnen helpen, het is zijn eigen keuze. Het was een naar gezicht en ik zal dat beeld nooit meer kwijtraken, maar ik kan nu afstand nemen.

'MIEN VROUW'

Anka / Groningen / donderdagavond 19.17 uur

DE KRUISING LIGT BEZAAID met brokstukken. Wij zetten de auto stil en stappen snel uit. Een kleine Renault staat midden op een kruising, tegen de paal van een stoplicht. De voorkant zit eromheen gekruld. Een meter of vijftien verderop staat een zilvergrijze Suzuki, die er al niet veel beter aan toe is.

Ambulancehulpverleners zijn bij beide voertuigen bezig en hebben net laten weten dat wij het hardst nodig zijn bij de Renault. Op de kruising staan ook twee politieagenten, hun auto hebben ze slordig in het midden geparkeerd. In een paar zinnen hebben ze ons uitgelegd wat er is gebeurd.

'Die auto hebben we achtervolgd', wees een van de agenten, terwijl zijn hand in de richting van de Renault ging. 'Toen reed hij veel te hard de kruising op, waar net die andere auto overstak.'

'We verdenken de bestuurder onder andere van inbraak en het bezit van verboden middelen', gaf de andere agent ons mee. De wetenschap dat de man mogelijk drugs heeft gebruikt is voor ons van belang. Daardoor kan hij onberekenbaar zijn.

In de andere auto zit een ouder echtpaar, krijgen we nog mee, terwijl we naar de Renault lopen. Ik waak ervoor niet te oordelen, al kost dat me vandaag moeite. Maar we zijn professionals, we helpen eerst het slachtoffer dat onze hulp het hardst nodig heeft. In dit geval is dat de man in de Renault.

Zo goed en zo kwaad als het gaat, knippen we de auto open en halen de man eruit. Daarna haasten we ons naar de Suzuki. Mijn collega voegt zich bij de ambulancemedewerker die al aan de passagierskant zit, zelf concentreer ik me op de bestuurder, een man die ik rond de zeventig schat. Hij zit bekneld met zijn been, maar is goed aanspreekbaar. Terwijl collega's de auto openknippen, pak ik zijn hand.

'We doen ons uiterste best, meneer', probeer ik hem wat gerust te stellen. 'We proberen u er zo snel mogelijk uit te krijgen.'

'Ach kind, loat mie moar euven', zegt hij op z'n Gronings. 'Ga moar noar mien vrouw toe, want die heeft jullie hoarder nodig.'

De auto is zo verwrongen dat ik de vrouw niet goed kan zien. In plaats daarvan richt ik me even op en werp een blik op mijn collega aan de andere kant van de auto. Zijn gezicht zegt genoeg: de vrouw is al overleden.

Ik moet even slikken. 'Nou, mijn collega's zijn al bij uw vrouw, meneer', zeg ik dan. 'Dus ik blijf even bij u.'

Hij knikt een beetje, nog beduusd van het ongeval. Ik pak zijn hand nog maar wat steviger vast.

SLANGEN

Marco / Biddinghuizen / dinsdagmiddag 16.55 uur

Ik word begroet met luid geblaf. Nu ben ik niet bang voor honden, maar de twee grote bulldog-achtigen die me niet bepaald kwispelend begroeten, houd ik toch liever op afstand. Gelukkig komt de eigenaar er al aan, een grote vent met een arm vol tatoeages.

'Zou u de honden even vast kunnen zetten?' vraag ik.

De man knikt. 'Geen probleem.' Hij haalt twee riemen uit zijn zak en even later zitten de honden keurig vastgebonden aan het hek.

Aan de buitenkant van het huis is niet zoveel te zien, maar er hangt een duidelijke brandlucht. Uit de openstaande voordeur komt wat rook naar buiten. Wat we hebben begrepen, is dat er brand is uitgebroken in de woonkamer. Snel gaat de ploeg van de tankautospuit naar binnen.

Vijf minuten later stuift de hele ploeg weer naar buiten. 'OvD!' roept een van de mannen.

Ik kijk ze verwonderd aan. 'Wat is er aan de hand?'

'Er liggen slangen in de woning.'

Ik trek mijn wenkbrauwen op. 'Die heb je net zelf naar binnen gesjouwd.'

Nu is het zijn beurt om niet-begrijpend te kijken. Dan valt het kwartje. 'Nee, dat bedoel ik niet. Ik bedoel slangen. Beesten. We hebben gebarsten terraria gevonden.'

Ik moet even omschakelen. 'Ah, oké.'

Omdat ik officieel de leiding heb, kijkt iedereen ineens naar mij. Wat gaan we hiermee doen?

'Is de brand geblust?'

De bevelvoerder knikt. Dat is alvast één zorg minder. Ik roep de eigenaar erbij. 'Wat voor slangen heb je? Zijn het gifslangen?'

Hij knikt bevestigend. 'Ze kunnen wel bijten, en dat kan heel vervelend zijn.'

Ik besluit om in overleg te gaan met de politie. Ten eerste moet er worden gecheckt of de slangen allemaal legaal zijn, ten tweede is de openbare orde in het geding als blijkt dat er een of meer dieren ontsnapt zijn.

Op mijn hoede loop ik naar binnen, gevolgd door de bevelvoerder. De woonkamer is door de brand flink aangetast. In de voorkamer staan de restanten van een bankstel en een televisiekast, ik denk dat daar de brand is begonnen. Op de vloer staat een laag water en de muren zijn zwartgeblakerd. Langs de wanden staan de kapotte terraria, waarvan de zijkanten door de hitte zijn gesprongen. Ik kijk rond, maar alles is zwart en vies en als er al slangen in de laag water op de grond liggen, zijn ze nu niet te zien.

Ik ga maar weer naar buiten. De politie arriveert en praat met de eigenaar. Daarna gaan we met z'n allen naar binnen om te zoeken. Volgens de eigenaar kunnen de slangen niet overleven in water, dus als ze in de kamer zijn, zijn ze dood.

Dat is ook het geval, moeten we even later vaststellen. Of het door de hitte van het vuur of door het water komt weet ik niet, maar alle zes de dieren leven niet meer. De politie neemt ze mee voor onderzoek. Ik kijk naar de eigenaar. Hij aait zijn honden en kijkt een beetje verslagen.

JAS

Marcel / Assen / zaterdagmiddag 16.12 uur

'Tot straks!' roep ik nog net naar mijn vrouw, voordat ik in hoog tempo naar de kazerne fiets. De pieper is gegaan voor een duikalarm en dan geldt nog meer dan bij andere meldingen dat elke seconde telt. Nog geen minuut later zet ik mijn fiets neer voor de kazerne. Het kost me dertig seconden om mijn pak aan te trekken en dan kunnen we op weg.

'Iemand heeft iets in het water gezien vlak bij het ggz-terrein', zegt de duikploegleider als we in de auto zitten. 'Waarschijnlijk een drenkeling.'

Bij de ggz-instelling worden we opgewacht door een medewerker. We stappen uit en de man wijst ons op iets zwarts in de vijver. 'Een patiënte van ons is al een week vermist', zegt hij. 'We zijn bang dat dat ze is.'

Ik ga het water in, mijn collega blijft als veiligheidsduiker op de kant. Ik zwem naar het zwarte object in het water, voel eraan en knik. Of het de vermiste patiënte is weet ik niet, maar dit is in elk geval wel een lichaam.

Ik neem het lichaam mee naar de kant. De ploeg van de tankautospuit, die standaard wordt meegestuurd bij een duikalarm, haalt het op de kant. Zelf klim ik uit het water, trek mijn duikpak uit en ga weer in de auto zitten. Ons werk zit erop, de uitvaartondernemer neemt het nu verder over.

Als ik thuiskom, zet mijn vrouw net het eten op tafel. Mijn kinderen schuiven ook aan. 'Wat heb je gedaan, pap?' vraagt mijn zoon.

'We hebben iemand uit het water gehaald vlak bij het ggz-terrein.'
'Dood?'
Ik knik.
'Is dat die vijver bij de kerk?'
'Ja, klopt. Hoezo?'
'Heb je die autoband er ook uit gehaald?'
Ik frons. 'Welke autoband?'
'Er lag daar een autoband in het water. Een zwarte. Pieter en ik hebben er nog steentjes op lopen keilen.'

In het water lag geen band, dat weet ik zeker. Het enige zwarte wat er wel lag, heb ik eruit gehaald. Ik besluit het maar niet te vertellen.

'Nee jongen,' zeg ik tegen mijn zoon, 'die band hebben we er niet uit gehaald.'

'O, oké.' Hij haalt zijn schouders op. 'O lekker, macaroni.'

EXAMEN

Eelco / Rotterdam / woensdagmiddag 13.00 uur

Ik BEN NIET ZO snel zenuwachtig, maar vandaag klopt mijn hart behoorlijk in mijn keel. Ik ben bezig met de opleiding 'specialist opleiden en oefenen' en vanmiddag doe ik examen. Ik heb besloten flink uit te pakken, want ik wil natuurlijk wel iets laten zien. De exameneis is ook dat het een zeer grote oefening moet zijn, minimaal GRIP 1*. Mijn grootste zorg is de veiligheid. Als je die niet kunt garanderen tijdens een oefening, ben je gezakt.

Ik heb een scenario uitgedacht met voetbalsupporters – in Rotterdam, maar ook in andere delen van het land, een actueel onderwerp. In mijn scenario is een bus vol supporters betrokken bij een grote kettingbotsing. De tegenpartij krijgt daar lucht van en besluit ook die kant op te gaan om te rellen. De centrale vraag bij deze oefening is: hoe doe je als brandweer je werk als je daarin wordt belemmerd?

Weken geleden ben ik begonnen met de voorbereidingen. Om te beginnen had ik supporters nodig, zo'n tachtig in totaal. In ruil voor een aantal studiepunten komen tachtig studenten van de opleiding Integrale Veiligheidskunde vanmiddag voor supporter spelen. De ene helft – die supporter zijn van 'rood-wit' – zit in de gecrashte bus, de andere helft – 'geel-zwart'-aanhangers – komt naar de ongevalsplek. Tot mijn genoegen hebben de studenten vandaag massaal gehoor gegeven aan mijn verzoek om zich te kleden naar de groep waar ze in zitten. Ik wil namelijk graag dat ze zo natuurlijk mogelijk gedrag gaan vertonen en het dragen van de juiste kleding is dan een goed begin.

De bedoeling is dat het escaleert tussen de supportersgroepen. Om te voorkomen dat de supporters zo opgaan in hun rol dat ze straks gooien met alles wat voorhanden is – de straattegels bijvoorbeeld – heb ik tennisballen geregeld waarmee ze de bus kunnen bekogelen. De betreffende bus heb ik te leen van de RET, de Rotterdamse vervoersmaatschappij, en het is wel de bedoeling dat ik hem ongeschonden weer inlever. Ik wil ook geen ruzie met mijn eigen collega's of met die van de politie, dus heb ik voor het bekogelen van hulpverleners – helaas soms de realiteit op straat – bedacht om sponzen te gebruiken. Het heeft me heel wat hoofdbrekens gekost om die sponzen te bemachtigen; het leegkopen van de Blokker vond ik nogal zonde van het budget. Uiteindelijk kwam ik na het lopen van de Rotterdamse marathon op het idee om de organisatie ervan eens te bellen. Aan de lopers worden namelijk bekertjes water met daarop een spons uitgereikt en ik hoopte dat die sponzen na de marathon over zouden blijven. Dat bleek het geval en gelukkig kon ik er zo vijfhonderd komen halen. Even natmaken en je kunt er prima mee smijten zonder dat er iemand gewond raakt. Aan de studenten heb ik uitgelegd: ballen op de bus, sponzen op de mensen, niet andersom. Voor de zekerheid heb ik een aantal collega's ingezet die als het nodig is zullen ingrijpen. Aan de andere kant heb ik ook collega's ingezet die de hulpverleners in de gaten houden. Twintig natte sponzen op je nek is erg irritant en ook een politieagent of brandweerman kan dan iets te fel reageren.

Het lijkt misschien overdreven ieder aspect van de oefening helemaal door te denken, maar vreemd is het niet. Een tijdje terug liep een oefening in de Euroborg, het stadion van FC Groningen, helemaal uit de hand omdat de mensen die aan het oefenen waren, iets te veel opgingen in hun spel. Door de omstandigheden bij een oefening zo echt mogelijk te laten zijn, roep je bij zowel de hulpverleners als de deelnemers echte emoties op. Dan kan het gebeuren dat mensen een waas voor ogen krijgen waardoor ze een beetje doorslaan. Het is een dunne lijn, want aan de andere kant heb je die echte emoties ook nodig bij een goede oefening. Het is aan de oefencoördinator om die lijn te bewaken en eventuele problemen te tackelen voordat ze zich voordoen.

Vandaag wil ik graag voorkomen dat het uit de hand loopt. We beginnen rustig. De bus staat op straat na het zogenaamde ongeluk, ik doe een melding aan de brandweercollega's dat ze naar een ongeval met beknelling moeten en dan komt het op gang. De brandweer doet z'n werk zo goed en zo kwaad als het gaat. De supporters die niet bekneld zitten, verlaten de bus en beginnen wat baldadig gedrag te vertonen. Dan komen de supporters van de tegenpartij erbij en krijgen de hulpverleners het zwaar. Naar hartenlust wordt er met sponzen gegooid, de supporters leven zich goed in in hun rol. Vanaf de kant zie ik ontstaan wat in het echt ook gebeurt: met z'n allen tegen één. Eén politieagent krijgt alle sponzen op zich af en raakt geïrriteerd. Hij weet zijn kalmte te bewaren, maar de supporters beginnen er nu lol in te krijgen en blijven maar bekogelen. De politie maakt een linie en haalt de honden erbij. De supporters stuiven alle kanten op, wat precies het beoogde effect was. Een van de studenten komt op een goed idee. Hij rolt een tennisbal naar een van de honden, die hem enthousiast in zijn bek neemt. Met een tweede bal gebeurt hetzelfde. Het is vandaag niet alleen een nuttige oefening voor de brandweer.

De brandweerploeg vordert inmiddels gestaag met het bevrijden van de beknelde slachtoffers. Dankzij het werk van de politie wordt de ploeg uit de wind gehouden. Naarmate de oefening vordert, lukt het me steeds beter om te ontspannen. Het loopt gesmeerd en ik hoef alleen maar hier en daar wat bij te sturen. Uiteindelijk slaagt de brandweer erin alle slachtoffers uit de bus te krijgen en ze worden meegenomen door de ambulances.

Oefening geslaagd, diploma gehaald.

WIEBE

Anka / Veendam / maandagnacht 5.08 uur

'Hier Wiebe, neem een bitterbal.' Ik houd een dampende schaal voor de neus van mijn collega van de vrijwillige brandweer in Veendam. 'Ze zijn echt goed.'
 'Nee, bedankt.' Hij grijnst. 'Mijn vrouwtje heeft lekkere stamppot gemaakt, dus ik ga naar huis. Tot snel, Anka.'
 We zwaaien en nemen afscheid en daarna richt ik me op de andere collega's op de borrel.

Twee dagen later denk ik aan dit onbeduidende gesprek terwijl ik over verlaten wegen rijd. Een gesprek dat ik allang vergeten zou zijn als ik niet op dit vroege uur onderweg was naar Veendam. Zoals zo vaak de laatste tijd woedt daar een grote brand. Het vrijwillige korps moet met grote regelmaat aan de bak. Vannacht ging het om een winkelpand dat in lichterlaaie is gezet. Maar dat is niet de reden dat ik ernaartoe rijd. In mijn hoofd herhaalt zich keer op keer het telefoontje dat ik net kreeg. Ik kan het nog bijna niet geloven.
 Wiebe is dood. Hij is buiten het pand onder een omvallende muur terechtgekomen en reanimatie mocht niet meer baten.

Onderweg kom ik diverse brandweerauto's tegen. Vanuit de hele omgeving zijn collega's op weg naar Veendam. De brand woedt immers nog steeds, maar het plaatselijke korps is nu niet inzetbaar. Zelf ga ik niet om te helpen met blussen, maar omdat ik lid ben van het BOT en dus betrokken ben bij de nazorg aan de collega's. Het is niet moeilijk voor te stellen dat de ploeg van Veendam momenteel behoefte heeft aan opvang.

De jongens die bij de brand zijn geweest, hebben zich op de kazerne verzameld. Ik zie ze zitten. Stoere brandweercollega's, normaal niet voor één gat te vangen, nu gebroken bij elkaar. Er zijn tranen, er is woede. Ik schuif aan aan tafel en besluit eerst maar eens ieders verhaal aan te horen. De jongens vertellen wat ze hebben meegemaakt, wat ze hebben gezien, wat ze voelen. Er klinkt veel ongeloof door in hun verhalen, en veel verdriet.

De hele dag blijven we op de kazerne. Niet alleen de ploeg die erbij was is er, het hele korps is natuurlijk geraakt. We praten tot tien uur 's avonds, tot iedereen moe is. De volgende dag gaan de groepsgesprekken verder. Met mijn BOT-collega Gert-Jan spreek ik af dat ik me op de gesprekken richt en hij zich samen met het korps gaat bezighouden met de begrafenis. Het speciale begrafenisteam van Brandweer Nederland is inmiddels ook gearriveerd, maar de jongens van de ploeg willen de regie zelf in handen houden, in samenspraak met Wiebes familie. Veendam is een hecht korps. Dit is het laatste wat de jongens voor Wiebe kunnen doen en dat doen ze vol overgave.

Ik op mijn beurt voer weer de hele dag groeps- en een-op-eengesprekken. Het zijn moeilijke gesprekken, maar het is ook fijn om zo bij elkaar te zijn en zo eerlijk te praten. We hebben het over de risico's van het werk. Risico's die iedereen, ook na wat er is gebeurd, bereid is te blijven nemen. Maar ook angst komt voorbij. Want iedereen weet: ik had Wiebe kunnen zijn.

De rest van de week doe ik niks anders dan praten, praten, praten. Ook ga ik samen met de ploeg terug naar de plek van de brand. De zwartgeblakerde resten van het winkelpand maken diepe indruk op ons allemaal. Er komen heftige emoties boven, maar de groep vangt elkaar op en dat is mooi om te zien. Ik weet zeker dat de jongens elkaar de komende tijd zullen helpen om te verwerken wat er is gebeurd. Ondanks alles heb ik een goed gevoel over hoe we de week met elkaar zijn doorgekomen.

BRIEVEN

Frans / Eindhoven / zondagmiddag 16.43 uur

Het is rustig op de post. We zijn net klaar met sporten en praten wat met elkaar als de telefoon gaat. Ik neem op.
 'Hallo?' klinkt een vrouwenstem aan de andere kant van de lijn. 'U spreekt met Linda. Ik heb een vraag.'
 'Vertel.'
 'Ik wil graag iets verbranden.'
 Ik frons. 'Iets verbranden...'
 'Ja, papier.'
 'Tja, wij zijn er eigenlijk meer voor om brand te blussen.'
 'Dat begrijp ik, maar ik durf thuis geen vuurtje te stoken.'
 Eigenlijk is het best een logische vraag. En ik heb liever dat iemand met onze hulp een fikkie stookt dan dat we moeten uitrukken omdat het niet helemaal goed is gegaan.
 'Kom anders even naar de post', stel ik voor.
 Twintig minuten later schuift de vrouw aan aan tafel. Ik schat haar een jaar of dertig. Ze heeft een grote tas bij zich met een hele stapel papier erin. Ik schenk koffie in.
 'Brieven van mijn ex', legt de vrouw uit met een blik op de tas. 'En mijn dagboeken uit de tijd dat ik met hem was.'

'Best rigoureus om alles te verbranden', zeg ik voorzichtig.

Ze haalt haar schouders op en neemt een slok van haar koffie. 'Het werkt niet tussen ons', vertelt ze dan. 'Ik ben echt gek op hem, maar elke keer gaat het weer uit. Het gaat gewoon niet en ik moet ermee stoppen. Niet meer teruggaan.' Ze kijkt naar haar tas. 'Ik heb er zelfs hulp voor gezocht en nu heeft de psycholoog me aangeraden om al mijn herinneringen te verbranden. Maar ik heb zelfs nog nooit een vuurtje gestookt.'

Ik heb eigenlijk wel met haar te doen. En haar idee om de brandweer in te schakelen, vind ik sympathiek. 'Zolang we geen uitruk hebben, helpen wij je wel.'

Als de koffie op is, lopen we met z'n allen naar buiten. Twee jongens uit de ploeg pakken een oude speciekuip en maken een vuurtje.

'Nou, succes', zeg ik, waarna de vrouw haar tas op de grond zet en de eerste lading brieven pakt. Ze scheurt het pakketje eerst doormidden en werpt het dan in de vlammen. In het begin gaat het nog wat aarzelend, maar allengs versnelt haar tempo. Wij kijken toe van een afstandje. Ik hoop maar dat het haar helpt.

KALVEREN

Gea / De Wijk / dinsdagnacht 1.09 uur

'Wɪᴊ ɢᴀᴀɴ ᴛᴇʀ ᴘʟᴀᴀᴛsᴇ', laat ik via de portofoon weten aan de meldkamer. We rijden de kazerne uit. Het is doodstil op straat, we zijn midden in de nacht op weg naar een melding van een koe in een put op een boerderij net buiten het dorp.

'We hebben wat aanvullende informatie gekregen', krijg ik vanuit de meldkamer door. 'Het gaat niet om een koe.'

Ik frons. 'Hoezo?'

'Het gaat om zevenennegentig kalveren.'

Ik slik even. 'O.'

Twee minuten later rijden we het erf van de boerderij op. Wat we ervan begrijpen is dat eerder vanavond de mest is opgehaald door een mestauto. Die zuigt de mest aan vanuit de put onder de stal. Dat gaat meestal goed, maar soms niet: dan ontstaat er drukverschil en kan de vloer verzakken, wat vanavond op deze boerderij is gebeurd. Op die vloer stonden alleen die zevenennegentig kalveren, die nu een voor een uit de put gehaald moeten worden. Dat is weliswaar een tijdrovende, maar geen ingewikkelde klus. Het grootste deel van onze ploeg bestaat uit boeren en die draaien hun hand niet om voor een kalf meer of minder. De boer heeft een stapel stelplaten, waar we zo goed en zo kwaad als het gaat een looppad van maken, uit de put omhoog. De mannen in de put staan tot hun knieën in de mest. Gelukkig zijn de dieren rustig. Paarden zouden volledig in de stress zijn geraakt, maar gelukkig zijn koeien over het algemeen wat rustiger. De kalveren kijken in elk geval toe met een blik die zoveel zegt als: oké, prima, staan we nu hier, ook goed. Ze laten zich ook makkelijk omhoogleiden.

Zelf heb ik geen boerenachtergrond en ik leg me dan ook toe op de ademluchtvoorziening. Nog los van de stank is het inademen van mest onderschat ongezond. Daarom verwissel en vul ik de hele nacht flessen. Het loopt al tegen vijf uur 's ochtends als alle kalfjes weer boven de grond staan. Dat wil zeggen: alle kalfjes, behalve die ene die te veel mest in zijn neus heeft gekregen en het niet heeft overleefd.

Als ik tegen zevenen thuiskom, zit mijn gezin net aan het ontbijt. 'Dat was een flinke koe zeker', zegt mijn man, die vannacht half slapend nog meekreeg waarvoor ik was opgeroepen.

Ik grinnik. 'Dat kun je wel stellen.'

KELDER

Peter / Den Haag / zaterdagochtend 9.24 uur

'W<small>IST JIJ DAT ER</small> een oefening was?' Vertwijfeld kijk ik mijn collega Ruud aan. We zijn met de verbindingscommandowagen onderweg naar een melding van een gasexplosie in het centrum van Den Haag. Maar we zijn nog niet op de plek van bestemming, of we komen langs een groot veld met zeker dertig gewonden. Ambulances rijden af en aan.

Ruud schudt zijn hoofd. 'Ik weet van niks.'

Op de brandweerkazerne oefenen we iedere week de meest uiteenlopende situaties, en daarnaast is er zo nu en dan een oefening in het veld. Die laatste kunnen heel realistisch zijn, maar ze worden wel van tevoren aangekondigd. Maar de eerste aanblik van al die gewonden op dit veld is surreëel. Vrijwel meteen schakelen we om: dit is zeker geen oefening.

De drukke winkelstraat waar de explosie heeft plaatsgevonden, is afgezet. We parkeren de wagen binnen het afgezette gebied en gaan aan de slag. In de kelder van een juwelierszaak is een explosie geweest – waarschijnlijk als gevolg van een gaslek – en het pand is zwaar beschadigd. De kelder is ingestort, het is niet bekend hoeveel slachtoffers zich er nog in bevinden. De gevel van het pand is ontzet en moet gestut worden, en ook de omliggende panden moeten goed gecontroleerd worden. In eerste instantie bestond de vrees dat in de ingestorte kelder brand zou woeden, maar die lijkt door de klap van de gasfles meteen te zijn gedoofd. Op straat zijn wel veel gewonden gevallen, van wie een aantal zeer ernstig.

Naast de ambulances zijn ook de brandweer en politie met grote mankracht aanwezig. Het is aan Ruud, Arie en mij om ervoor te zorgen dat alle verbindingen tussen de hulpdiensten onderling en tussen de hulpdiensten en de meldkamer vlekkeloos verlopen. Dus delen we portofoons uit, zetten alles op de juiste kanalen, maken gespreksgroepen aan en controleren of alle verbindingen werken.

Als alles naar behoren functioneert, hoeven we alleen nog in de gaten te houden dat dat zo blijft en hier en daar problemen op te lossen. Ik gebruik de tijd die ik overheb om door het getroffen gebied te lopen. Overal kom ik collega's tegen. Hier en daar maak ik een praatje. Iedereen is opgelucht als er na een paar uur zelfs nog iemand levend onder het puin vandaan wordt gehaald.

Uren later rijden Ruud, Arie en ik terug naar de kazerne. 'Nou, dat was bepaald geen oefening', zegt Ruud met een glimlach.

Ik knik. 'Maar het was wel een goede inzet.'

De immense schade is natuurlijk een ramp voor de betrokkenen, maar dat er geen doden te betreuren zijn, maakt deze dag voor ons geslaagd.

BIJL

Anka / Groningen / maandagmiddag 14.55 uur

MET PRIO1 GAAN WE op weg naar een melding van een gaslucht. Sirene en zwaailichten zijn standaard bij een dergelijke melding, aangezien het explosiegevaar groot is. Een paar minuten later zetten we de auto stil voor een lage portiekflat in een smalle straat. Er staat al een politieauto voor de deur.

'Op de begane grond hebben mensen een gaslucht geroken en ze vermoeden dat het uit het appartement op de eerste etage komt', laten de agenten ons weten. 'Ze hebben aangebeld, maar er doet niemand open.'

Ik pak een bijl uit de auto, die van pas kan komen als we onszelf toegang tot de woning moeten verschaffen. Vervolgens zetten we onze ademluchtmaskers op en lopen naar de voordeur.

Ook op ons kloppen en bellen wordt niet opengedaan. De deur is op slot, maar dat stelt niet al te veel voor en binnen een paar seconden weet mijn collega de deur te forceren. De meest logische plek voor een gaslek is de keuken, dus daar lopen we als eerste naartoe.

Het kost weinig moeite om de oorzaak van de gaslucht vast te stellen. Op de grond voor het fornuis ligt een man met een plastic zak over zijn hoofd. Er steekt een slang uit die verbonden is met het fornuis. Mijn collega draait de pit uit, ik zet een raam open.

Ons werk zit erop. Het is nu aan de politie om uit te zoeken wat er is gebeurd en of dit inderdaad zelfdoding is, een conclusie die op het eerste gezicht logisch lijkt. Ik pak de bijl weer op en loop naar beneden. Buiten is inmiddels een grote oploop ontstaan. Ik zie een man die wel vaker opduikt bij inzetten. Hij heeft de website 112groningen.nl opgericht en komt vaak foto's maken. Nu zie ik dat hij zijn camera recht op mij richt.

Een dag later zie ik mezelf terug op de site, grote bijl op mijn schouder. Eronder de tekst: 'Dode man gevonden in woning'. Ik geloof dat ik die niet zo gelukkig gekozen vind.

PLOF

Eelco / Rotterdam / zondagmiddag 17.34 uur

'Drie, twee, één... Nu!' Ik luister naar het gekraak van de plastic zak en zet me schrap. Het matras waarop ik lig wordt omhooggetild, stuitert eerst naar links en dan naar rechts en het volgende moment lig ik op de grond. Vanuit de aangrenzende kamer klinkt luid gegrinnik van mijn collega's.
 'Het werkt', stellen we samen vast. 'Nu snel inpakken.'
 We laten de zak leeglopen, vouwen hem op en leggen het matras terug. Ik trek het dekbed recht, check snel de kamer en doe daarna de deur achter me dicht. Zo stoïcijns mogelijk lopen we naar de kantine om te koken.
 Het is zondag en dat betekent dat we weliswaar kazernedienst draaien, maar niet de verplichte doordeweekse activiteiten als oefeningen en sport uitvoeren. Op zondag geldt hetzelfde als 's avonds: na het checken van het materiaal kan iedereen doen waar hij zin in heeft, maar we moeten uiteraard meteen paraat staan bij een alarmering. Sommige jongens knutselen aan hun auto, een paar hebben een iPad of laptop bij zich en in de kantine staat de tv aan.
 Maar vandaag heb ik samen met collega's Peter en Youssef een andere missie: vannacht blazen we Willem op. Dat klinkt

dramatischer dan het is. Willem is van de oudere garde, wij zijn de jonkies en over en weer worden er voortdurend geintjes uitgehaald. Nadat ik nogal vaak van Willem had moeten horen dat ik amper droog ben achter mijn oren, heb ik mijn bed op de kazerne opgemaakt met een Looney Tunes-dekbed. Hilariteit alom, uiteraard. En die keer dat we een watergevecht hielden, zal ik ook niet snel vergeten. Ik lag verstopt met een emmer water, een oudere collega liep voorbij en kreeg de volle laag. Ik lachen, hij nog harder: 'Ik heb jouw kleren aan.'

Kortom: de geintjes zijn niet van de lucht en vandaag hebben we bedacht dat Willem midden in de nacht naast zijn bed komt te liggen. Het idee kwam van Peter. Hij heeft ontdekt dat je met een buisje in een ademluchtfles de gecomprimeerde lucht van 300 bar als blaassysteem kunt gebruiken. Daar heb je op zich niks aan, behalve als je heel snel een plastic zak wilt opblazen. Dus hebben we een grap bedacht die we met dat systeem kunnen uithalen.

Het idee is dat we onder het matras op Willems bed een plastic zak neerleggen. Het valt natuurlijk een beetje op om de ademluchtfles er pal naast te zetten, dus hebben we lang nagedacht over een constructie met een tuinslang, die we door een gat in de muur en daarna door een kast hebben gestoken. Aan de andere kant van de muur, in onze slaapkamer, zal Peter de ademluchtfles opendraaien, waarna de zak zich vult en Willem met matras en al van zijn bed ploft.

De hele dag hebben wij al voorpret. Stiekem zijn we naar de slaapkamers gegaan om proef te draaien. Toen bleek dat je het plastic hoorde kraken als je op het matras ging zitten, hebben we in de werkplaats onopvallend latjes gezaagd om het matras wat op te hogen. Toen Willem voorbijliep, begonnen we snel met elkaar een gesprek over Peters nieuwe tuinhuisje, waarvoor hij een paar dingen moest zagen.

Om elf uur houdt Willem het voor gezien. Een halfuur later gaan Peter, Youssef en ik ook naar bed. We zetten de wekker op halftwee en worden er daadwerkelijk twee uur later door wakker gemaakt. Geen uitruk, dus we kunnen van start met ons plan.

Precies volgens plan blijft Peter op onze slaapkamer. Youssef en ik staan op de gang en spieken onder de deur door. Het is niet helemaal donker in de kamer en we zien Willem in bed liggen. Peter telt zacht af: 'Drie, twee, één...'

Er klinkt een zachte knal en een hoop gesis. Peter vloekt. Wij hollen de kamer in. 'Wat gebeurt er?'

'De tuinslang is gescheurd.' Peter kijkt ongelukkig naar de slang. 'Maar wacht, als ik hem vasthoud... Ja, we kunnen weer.'

'Oké.' Youssef en ik verdwijnen weer naar de gang. In de slaapkamer telt Peter opnieuw af. Deze keer lukt het wel. Onder de deur door zien we hoe de zak zich vult, het matras begint te wankelen en Willem met een plof op de grond belandt. Vloekend komt hij overeind. Youssef en ik grinniken en maken ons daarna snel uit de voeten. Net op tijd, want Willem komt brommend de gang op, op zoek naar de dader. Ongetwijfeld komt hij erachter dat wij het waren, we zullen het ook niet ontkennen. En waarschijnlijk vinden we morgen zout in onze koffie. Terwijl ik weer in bed kruip en we snel het licht uitdoen om niet op te vallen, bedenk ik grinnikend dat het leven op een kazerne in elk geval nooit saai is.

KRANTEN

Gerard / Rotterdam / woensdagavond 18.08 uur

'Brand?' De oude man in de deuropening schudt zijn hoofd. 'Niet bij mij.'
'Ja, maar uw achterburen hebben het gezien.'
Het oude baasje kijkt me onbewogen aan. 'Bij mij brandt het niet.'
'Mogen we dan even binnen kijken?'
'Nee.'
'Maar meneer...'
'Ik heb geen brand.'
Ik kijk hem verwonderd aan. Al weet je honderd procent zeker dat je geen brand hebt, als er een brandweerauto voor je deur stopt en er een paar brandweerlieden in vol ornaat aanbellen, dan zet je toch even een stapje opzij?
Zo niet dit mannetje. Hij schudt opnieuw ferm zijn hoofd als ik mijn vraag herhaal. Nee, we mogen niet binnen kijken en nee, hij heeft al helemaal geen brand.
Het probleem is dat ik vrij zeker weet dat er in zijn huis wel brand is. We hebben een melding gekregen dat de achterburen vlammen hebben gezien op de tweede verdieping. Omdat het

niet helemaal duidelijk was om welk huis het ging, hebben we in de straat bij diverse appartementen op tweehoog aangebeld. Die bewoners reageerden allemaal verrast: nee, bij hen was er geen brand, maar natuurlijk mochten we even kijken.

We overleggen met de politie. Wij mogen alleen toegang vorderen als er aantoonbaar direct gevaar is voor mens of dier. Dat is bij brand altijd het geval, maar omdat we nog niet met eigen ogen de vlammen in het appartement hebben vastgesteld, kunnen we onszelf nu nog geen toegang verschaffen.

'Meneer?' Een van de buren bij wie we net binnen zijn geweest, staat naast me. 'Heel gek, maar de brand lijkt wel minder te worden.'

Ik kijk hem aan. Brand gaat razendsnel en wordt over het algemeen niet vanzelf minder.

'Meneer,' probeer ik nog een keer bij de oude man, 'bent u de brand aan het blussen?'

'Ik zei u toch: ik heb geen brand.'

Ik kijk weer naar de politieagent. Op dit moment zie ik geen rook, maar dat kan wel kloppen. We staan beneden bij de voordeur en als de deur naar het appartement op de tweede verdieping dicht is, zal de rook hier niet zo snel komen. Maar terwijl we hier staan, brandt het daar wel verder en het gevaar voor de omliggende panden wordt steeds groter. De tijd begint nu ook een rol te spelen.

'Meneer,' neemt de agent het na kort overleg met zijn collega over, 'we willen graag even bij u binnen kijken.'

De agent kan rekenen op hetzelfde antwoord als wij eerder al kregen, maar hij heeft meer middelen tot zijn beschikking. Hij vertelt de man dat de politie toegang vordert tot zijn woning. Daar is de bewoner het bepaald niet mee eens. Hij maakt zich breed en stribbelt tegen, maar zijn eigen veiligheid en die van de buren gaan boven zijn wil, dus beweegt de politie hem met zachte dwang naar de stoep.

Mijn ploeg en ik lopen naar boven. De deur van het appartement zit niet op slot en ik duw hem open. Het kost me een paar seconden om tot me te laten doordringen waar ik naar kijk. Het enige wat ik zie zijn kranten. Stapels en stapels, tot aan het plafond. Er is een klein looppaadje naar de keuken, waar een pannetje op het fornuis staat, maar dat is niet de oorzaak van de brand. Ik volg het paadje terug en kom bij een bed en een kleine badkamer. Verder is iedere vierkante centimeter van het huis ingenomen door die stapels. Er zijn geen meubels, niks.

Na enig zoeken vinden we de plek van de brand, die inderdaad alweer bijna uitgegaan is. Op zichzelf branden kranten erg goed, een losse krant in de open haard is zo weg. Maar deze stapels zijn zo zwaar en samengeperst dat er geen zuurstof meer tussen zit en er dus ook geen ontbranding plaatsvindt. De buitenkant is dichtgeschroeid en daarna is het vuur vanzelf gedoofd. Wat niet betekent dat het niet opnieuw kan gebeuren – en dat is nog maar een van de risico's van zo'n krantenpakhuis. Straks op de kazerne zal ik er melding van maken bij de afdeling bouwkunde van de gemeente, want deze enorme stapels papier vormen een grote belasting voor de vloer.

We laten het huis voor wat het is en lopen weer naar beneden, waar we verslag uitbrengen aan de politie. Een paar agenten lopen naar boven. Ik kijk nog even naar het oude mannetje en vraag me een heleboel dingen af. Ik hoop maar dat hij goede hulp krijgt.

PREHISTORISCH BOUWWERK

Marco / Lelystad / woensdagnacht 2.03 uur

'OvD, WILT U UITRUKKEN voor een brand in een prehistorisch bouwwerk in Lelystad?'

Ik weet niet of het komt door het tijdstip, maar ik denk dat ik de melding niet helemaal goed heb verstaan. Ik kom overeind en ga op de rand van mijn bed zitten. Terwijl ik de slaap uit mijn ogen wrijf, luister ik opnieuw naar de gesproken melding op de pieper.

'OvD, wilt u uitrukken voor een brand in een prehistorisch bouwwerk in Lelystad?'

Aha, ik had het dus toch goed verstaan. Er zijn geen slachtoffers, maar er is wel opgeschaald naar 'middelbrand', wat betekent dat er een tweede tankautospuit ter plaatse komt. In de opleiding tot OvD leer je: zodra je een melding krijgt, moet je aan beeldvorming gaan doen. Visualiseer de melding, maak een plaatje van datgene waarin je terecht gaan komen.

Dat kost me nu een beetje moeite. Lelystad heeft veel, met name veel baksteen en beton, maar geen prehistorische bouwwerken. De stad bestaat amper veertig jaar. Terwijl ik mijn kleren aantrek, bedenk ik dat er iets anders aan de hand moet zijn. Nu ben ik toevallig net begonnen als OvD in dit gebied. Ik reken er maar op dat dit mijn ontgroening is.

Zo zacht mogelijk verlaat ik het huis. Ik stap in de auto, meld me in en vraag om het adres. Normaal gesproken zou ik meer informatie vragen. Hoezo: een prehistorisch bouwwerk? Wat houdt dat in? Maar ik vraag niks. Als dit inderdaad mijn welkomst-grap is, gun ik de meldkamercollega's uiteraard niet de lol van een OvD die ook nog extra informatie gaat uitvragen. Ik zie ze al voor me: gierend van de lach omdat ik er met open ogen in tuin. Ergens moet ik er wel om grinniken. Het is in elk geval leuk bedacht.

Het adres blijkt een weg buiten Lelystad te zijn. Twintig minuten later rijd ik een natuurpark binnen. Ik frons. Dit wordt steeds vreemder.

Ter plaatse zie ik daadwerkelijk vlammen, en twee brandweerauto's. Toch geen ontgroening? Ik stap uit en loop naar de bevelvoerder van de eerste tankautospuit. 'Nou vertel, waar is dat prehistorische bouwwerk?'

Hij wijst naar een rijtje houten hutjes, waarvan er eentje in brand staat. 'Hier. Nagebouwd, weliswaar.'

Het duurt even voordat ik het goed kan onderscheiden in het donker, maar dan zie ik inderdaad dat de hutjes prehistorische exemplaren moeten voorstellen. De brand in het rieten dak van een daarvan is al bijna gedoofd.

'Er is geen water beschikbaar', vertelt de bevelvoerder. 'Daarom heb ik opgeschaald naar "middelbrand".'

Ik knik. Een tankautospuit heeft zelf water aan boord, maar dat is alleen genoeg voor heel kleine brandjes of een eerste blussing tot de waterwinning vanuit een bron zoals een vijver of een sloot gereed is gemaakt. Is die bron er niet, of is die te ver weg voor één voertuig, dan moet er een tweede tankautospuit komen en automatisch wordt er dan een OvD meegestuurd.

Van een afstandje kijk ik toe hoe de brand verder wordt geblust. Als zelfs de meest onwaarschijnlijke melding geen grap van je collega's blijkt te zijn, weet je dat je een apart vak hebt.

TEGEL

Peter / Rijswijk / zondagavond 23.39 uur

'Hai, schat.'
Ik krijg een gemompeld antwoord. Mijn vrouw slaapt al bijna en ik ben van plan hetzelfde te gaan doen. Het was een drukke dienst op de meldkamer en de fietstocht terug naar huis was een welkome afleiding om mijn hoofd leeg te maken.

Ik stap in bed en trek de deken over me heen. Net als ik mijn ogen dichtdoe, klinkt het geluid van de pieper door de slaapkamer. Meteen veer ik weer overeind en grijp naar mijn nachtkastje: *Ongeval met beknelling* staat er op het schermpje. Prio 1.

'Dag, schat!' Snel schiet ik een joggingbroek en een paar sokken aan en haast me naar de auto.

Twee minuten later kom ik aan bij de kazerne, binnen dertig seconden zitten we in de auto. Ik krijg de rol van gewondenverzorger* toebedeeld, wat betekent dat ik zo meteen bij aankomst zo snel mogelijk bij het beknelde slachtoffer moet zien te komen om eerste hulp te verlenen. Mijn collega's gaan dan aan de slag om de auto open te knippen.

Over het ongeval is niet veel duidelijk. De meldkamer stuurt ons naar de A4. Ergens op het stuk tussen Delft en Den Haag staat een auto die een ongeluk heeft gehad. Wat er is gebeurd en hoe erg de beknelling is, is niet bekend.

Op de plaats van het incident zijn alle banen afgekruist. De ambulance is er al. We parkeren de auto en stappen uit. Op de linkerrijstrook staat een kleine auto half tegen de vangrail. De voor- en achterkant zijn wat beschadigd, maar niet zo erg dat ik een ernstige beknelling verwacht. Terwijl ik naar de auto hol zie ik Bram, die ik ken van de brandweer. Hij is bevelvoerder bij een van de naburige vrijwillige korpsen, maar vanavond is hij hier als ambulanceverpleegkundige.

Bram kijkt me aan. De blik in zijn ogen ken ik niet. Er zit iets wilds in.

'Wat is er?' vraag ik.

Hij schudt zijn hoofd en kijkt naar Wim, mijn bevelvoerder. 'Smit gaat met mij mee', zegt hij. 'Ik heb hem nodig, want het gaat niet goed.'

Ik ren achter Bram aan naar de auto. In het voorbijgaan zie ik een langwerpig gat in de voorruit. Ik ga naast Bram bij het zijraam staan en heb moeite te geloven wat ik zie. Het slachtoffer heeft ernstige verwondingen aan haar gezicht. Ik begrijp er niks van. Op basis van de schade aan de auto had ik niet dergelijke ernstig letsel verwacht.

Tijd om na te denken is er niet. De gewonde jonge vrouw moet zo snel mogelijk uit de auto. Ik assisteer Bram, die zo goed en zo kwaad als het gaat de eerste hulp verleent. Mijn collega's gaan aan de slag om de vrouw uit de auto te halen. Veel tijd is daar niet voor nodig, ze zit niet echt beknelt. Al snel ligt ze op de brancard, waar Bram verdergaat met de eerste hulp.

Opeens hoor ik iemand achter me vloeken. Ik kijk om en zie de OvD.

'Wat is er aan de hand?' vraag ik aan Wim.

Hij wil antwoord geven, maar Bram onderbreekt hem. 'Smit, kijk nog even in de auto. Er moet een steen liggen, of een tegel.'

'Oké.' Ik loop naar de auto en zoek eerst op de voorstoel en dan achterin. Achter de stoel van de bestuurder kom ik inderdaad een stuk van een stoeptegel tegen. Ik heb nog niet door wat er is gebeurd, als ik het ding meeneem en aan Wim overhandig.

'Wat moet je daarmee?' vraag ik.

Hij wijst richting de auto. 'Heb je dat gat in de voorruit gezien? Dat zat er nog niet toen ze van huis vertrok.'

Dan pas valt het kwartje. De rechthoek in de voorruit, het ernstige letsel van de vrouw, de stoeptegel...

'Smit!' Dat is Bram. 'Jij gaat mee in de ambulance. Ik heb je hulp nodig.'

Ook de verpleegkundige van de tweede ambulance stapt in en dan gaan we richting ziekenhuis. Bram vraagt me intussen om spullen aan te geven. Ik trek de kasten boven mijn hoofd open en vind wat ik zoek. Ik ga aan het hoofdeinde zitten en assisteer Bram met allerlei spullen. Ik gun mezelf geen tijd om na te denken, maar de paar keer dat ik dat kortstondig doe, besef ik hoe slecht het eruitziet voor deze vrouw.

In het ziekenhuis dragen we haar over aan het team op de spoedeisende hulp. Meteen wordt ze meegenomen. Wij blijven achter in een plotselinge rust.

'Kom mee', zegt Bram tegen me. 'We gaan roken en de ambulance moet schoongemaakt.'

Buiten roken we zwijgend naast elkaar. Er is genoeg te zeggen, maar nu moeten we eerst allebei even op adem komen. Ik probeer mijn gedachten te ordenen, maar die vliegen alle kanten op.

Ik bel Wim. Hij stuurt een auto om me op te halen en even later schuif ik aan op de kazerne, waar een deel van de ploeg nog is. We hebben het over wat we hebben gezien en over de toedracht. De politie is drukdoende met het onderzoek maar de eerste tekenen wijzen in de richting van opzet. Stoeptegels vallen niet zomaar van viaducten en de kans dat iemand er per ongeluk eentje laat vallen is ook niet zo groot. Ik schud mijn hoofd en heb moeite dit gegeven te verkroppen.

Ik neem de laatste slok van mijn koffie als er een collega-centralist van de meldkamer belt: het slachtoffer is overleden.

Langzaam laat ik dat feit tot me doordringen. Met het besef groeit ook de woede. Ik heb meer dodelijke ongevallen gezien. Mensen die zichzelf een stuk in hun kraag hadden gezopen, of mensen die daarvan slachtoffer waren. Ook ongevallen met geen andere oorzaak dan dikke pech of 'verkeerde moment, verkeerde plaats'. Het is altijd lastig te accepteren dat erge dingen gebeuren, maar dít... Welke idioot verzint het om stoeptegels van een viaduct naar beneden te gooien?

Als ik met een ruk opsta, valt mijn stoel achterover. Het lijkt wel alsof er een waas voor mijn ogen komt. Ik vloek hardop en moet iets met de woede in mijn lijf. Ik trap tegen mijn omgevallen stoel. Twee collega's proberen me te kalmeren, maar ik kan nu niet luisteren naar hun woorden. Ik schreeuw en vloek en haal opnieuw uit naar de stoel, die er ook niks aan kan doen. Mijn collega's pakken me vast en dwingen me om te gaan zitten. Ineens heb ik het gevoel dat alle energie uit me wegloopt. Ik sla mijn handen voor mijn gezicht en steun op mijn ellebogen, terwijl ik denk aan die jonge vrouw met een heel leven voor zich dat vanavond door een of andere dwaas zomaar is beëindigd.

ROOKMELDER

Saskia / Utrecht / woensdagochtend 10.30 uur

'Even de rookmelder testen.' Ik kijk om me heen en zie in de hoek van de keuken een Swiffer staan. 'Ah, precies wat ik nodig heb.'
Met de stok van de dweil druk ik de testknop van de rookmelder in. Een van de eisen die worden gesteld bij kamerverhuurpanden als dit, is dat de rookmelders doorgekoppeld zijn. Als er één afgaat, moeten ze allemaal afgaan. In dit pand in de Utrechtse binnenstad zijn het er een stuk of twaalf en die zich bevinden op de gangen en in alle slaapkamers.
Het irritante gesnerp van de melder klinkt door de keuken en vanuit de andere ruimtes en ik knik tevreden. Terwijl ik dit onderdeel afvink op mijn lijst, realiseer ik me alleen dat het testen wel erg lang duurt. Een paar seconden is gebruikelijk, tien seconden kan ook nog, maar het geluid houdt nu al een halve minuut aan.
'Gaat hij nog uit?' vraagt de student die met me mee is gelopen op mijn ronde een beetje vertwijfeld.
'Dat zou wel moeten.' Ik kijk naar het plafond, alsof ik daar het antwoord op de vraag kan ontdekken. Met de testknop lijkt niks mis en als ik die opnieuw indruk in de hoop dat het geluid daardoor zal stoppen, verandert er niets.

'Wat een herrie', verzucht de student. Hij holt weg en is binnen een mum van tijd terug met een paar oordoppen. Gelukkig heb ik die zelf ook altijd in mijn tas. Onze oren zijn nu beschermd tegen het irritante geluid, maar daarmee zijn we er natuurlijk nog niet.

Ik haal diep adem en roep naar de jongen: 'Misschien moeten we ze even loshalen?'

Hij knikt, pakt een stoel en haalt de rookmelder van het plafond. Met enige moeite krijgt hij de batterij eruit, maar in de rest van het pand gaat het geluid onverminderd door. Voordat we twaalf rookmelders op deze manier onklaar hebben gemaakt, zijn we heel wat tijd verder.

Er komt een meisje de keuken binnen. Ze loopt op sloffen en onder haar openstaande vest zie ik twee konijnenoren. 'Gaat dat ding nog uit?' informeert ze.

Ik haal mijn schouders op. 'Ik wou dat ik het wist.'

'Ik heb geen oordoppen voor hem.' Ze knikt naar het konijn in haar armen. Daarna opent ze de balkondeur en gaat buiten staan met het beest. Het is winter, het is koud en ze heeft geen jas aan.

Ondertussen heb ik geen idee hoe ik de op hol geslagen rookmelders uit kan krijgen. Ik heb honderden kamerverhuurpanden gecontroleerd, maar dit is me nog nooit gebeurd. We halen de stroom er nog af, maar dat helpt ook al niet. De melders gaan natuurlijk door op de batterij.

'Kun je de huisbaas bellen?' roep ik naar de student. 'Zeg maar dat hij onmiddellijk moet komen of iemand moet sturen.'

De jongen pakt zijn telefoon en boven het geloei uit maakt hij de huisbaas duidelijk dat het hier niet helemaal goed gaat. De man belooft meteen te komen. De student en ik gaan uiteindelijk ook maar buiten staan.

Het personeel van de apotheek op de benedenverdieping loopt de straat op. Ik voel uiteraard alle ogen op me gericht, in mijn brandweeruniform.

'Kunt u niet zorgen dat dat uitgaat?' vragen een paar mensen.

Ik schud mijn hoofd en bied gegeneerd mijn excuses aan. Ongeduldig kijk ik om me heen of de verhuurder er al aan komt. Dertig minuten later arriveert er eindelijk iemand om het probleem te verhelpen. Opgelucht doe ik mijn oordoppen uit.

Twee maanden later. Ik ben voor een herinspectie in hetzelfde pand. Een dag na de commotie met de rookmelders kreeg ik een mail dat het probleem – veroorzaakt door een storing in het systeem – verholpen was. Er waren nog wat andere puntjes die niet helemaal in orde waren en daarom ga ik opnieuw langs. De huisbaas is zelf aanwezig, plus een klusjesman. We lopen de punten langs, die nu allemaal zijn verholpen.

'Nou, dan nog even de melder testen', zeg ik, terwijl ik een stok pak en de testknop indruk. Het alarm gaat keurig af en ik tel de seconden tot het uit moet gaan. Wat niet gebeurt. De huisbaas kijkt zorgelijk naar de klusjesman en daarna naar mij. 'Ik dacht echt...'

Ik pak mijn oordoppen er weer bij. Vanuit een van de kamers komt het meisje met haar konijn tevoorschijn. Ze sloft naar het balkon. Gelukkig is het mooier weer.

Ik steek mijn hand op naar de huisbaas. Testen of de rookmelder aangaat, is onderdeel van mijn inspectie. Of hij weer uitgaat niet. En ik voel er weinig voor opnieuw een halfuur in de herrie te staan.

'Mijn werk zit erop', roep ik boven het geluid uit. 'Succes...'

VAST

Gerard / Rotterdam / zaterdagmiddag 14.03 uur

'Willen jullie de politie assisteren om een kind los te maken?'
Het verzoek van de meldkamer is niet ongebruikelijk. Het gebeurt geregeld dat een kind met een arm, been of hoofd vastzit in een hek, put of tussen de treden van de trap. Meestal buigen wij dan wat spijltjes om of, als het echt niet anders kan, zagen we een hek of een trap door.
Iets dergelijks verwacht ik deze middag ook. We krijgen een adres door en gaan op weg. We komen aan in de straat en blijken niet in een huis, maar op het pleintje te moeten zijn. Bij een boom staan twee politieagenten. Als ik uitstap zie ik wat het probleem is: een jongetje van een jaar of twaalf zit met één pols vastgeketend aan een dikke tak.
'Heb je daarmee gespeeld?' vraag ik eerst maar eens, met een blik op de handboeien, maar het kind schudt zijn hoofd.
'Dit is het werk van zijn ouders', zegt een van de agenten. 'Blijkbaar had hij iets gedaan wat niet mag en hij weigerde zijn excuses aan te bieden, dus toen hebben zijn ouders hem op deze manier tentoongesteld.'
Ik trek mijn wenkbrauwen op. 'Bijzonder...'

'Hij moest overdenken wat hij had gedaan', vult de andere agent aan. Hij werpt een blik op het kind. Het jongetje knikt, maar zegt niks.

'Waar woont hij?' vraag ik, maar de agenten halen hun schouders op.

'Dat wil hij niet zeggen.'

Het jongetje lijkt zelf niet eens echt aangedaan door zijn situatie. Hij vindt vooral de grote brandweerauto interessant. Ook het feit dat onze komst en die van de politie tot de nodige commotie in de straat leiden, laat hem uiterlijk koud.

'Nou ja, wij knippen hem wel los', zeg ik, terwijl een van de jongens van mijn ploeg naar de auto loopt om de schaar te pakken. Het klusje op zich is zo gepiept. Binnen een paar minuten heeft het kind zijn pols terug. Ik heb met hem te doen en wil hem iets geven, maar de troostbeertjes die wij in de auto hebben liggen vind ik niet echt geschikt voor zijn leeftijd.

'Hier', zeg ik, terwijl ik een brandweer-balpen uit de auto haal. Hij kijkt me blij aan en stopt de pen snel in zijn zak.

BOOMPJE

Anka / Groningen / woensdagmiddag 14.51 uur

Aangezien het mijn eerste werkdag bij de brandweer is, ben ik bloednerveus. Ik ben volop bezig met mijn opleiding en heb veel geoefend, maar nu het echte werk eraan komt voel ik mijn hart in mijn keel kloppen. Als het alarm gaat, schiet de adrenaline meteen door mijn lijf.

Wat zal het zijn, denk ik gespannen. Een woningbrand? Een groot ongeval?

'Kat in de boom', zegt Eddy, mijn instructeur. Ik moet bijna lachen. Lekker cliché.

We gaan op weg. De boom waar het onfortuinlijke dier zich in bevindt blijkt geen enorme eik, maar een nogal klein exemplaar dat half over een slootje hangt. De kat zit boven het water klem tussen twee takken.

'In zo'n geval heb je niet veel aan een ladder', legt Eddy uit. 'Als het echt niet anders kan, kunnen we proberen met het bakje van de hoogwerker bij de kat te komen, maar eigenlijk is het een kwestie van klimmen. Ik zal het laten zien.'

Ik kijk naar Eddy, die bijna twee meter is en fors van postuur. Hij staat met zijn rug naar me toe, zijn blik op de kat gericht. Voorzichtig tik ik op zijn schouder.

'Eh... Eddy,' zeg ik als hij omkijkt, 'zal ik er anders in gaan? Ik ben wat lichter, en anders valt die boom misschien om.'

Blijkbaar heeft Eddy zelf ook ingezien dat er een risico bestaat dat hij straks met kat en boom in het water ligt. 'Goed idee', antwoordt hij. 'Een goede oefening ook.'

Rap klim ik de boom in. Als kind deed ik niet anders en ik blijk het nog niet verleerd te zijn. Ondanks zijn angst laat de kat zich door mij meenemen en niet veel later sta ik met beest en al weer op de grond.

Eddy knikt me toe. 'Goed gedaan.'

BEELD

Gea / Zuidwolde / zondagochtend 9.13 uur

Met mijn collega Peter loop ik om het huis heen. De boerderij is er eentje van het soort dat je veel ziet in deze regio: groot, prachtig verbouwd, voorzien van een rieten dak. Een rieten dak dat bijna niet te blussen valt, blijkt ook vandaag weer. Mijn collega's staan er met diverse waterstralen bij, maar eigenlijk valt er niet zoveel tegen de vlammen te doen. Sterker nog, met water veroorzaak je bijna meer schade dan het vuur aanricht, maar niet blussen is geen optie, want dan brandt de rest van het huis ook af.

Dat laatste is sowieso al bijna het geval. De boerderij kunnen we eigenlijk niet meer redden, maar we kunnen wel proberen om zoveel mogelijk spullen in veiligheid te brengen.

'Er staat daar iets', wijst Peter, terwijl hij via een van de lage raampjes naar binnen kijkt. 'Een beeld of zo.'

Ik volg zijn blik. Het kunstwerk lijkt me er eentje van het soort dat vooral emotionele waarde heeft, maar voor de eigenaar is het wellicht erg belangrijk. 'Laten we proberen dat te pakken.'

Met een hooligantool sla ik het raam in. Peter stapt met één been naar binnen en pakt het kunstwerk, dat uit twee delen blijkt te bestaan. Het is nog zwaar ook.

'We leggen het wel even in de berm neer', wijs ik. Met z'n tweeën brengen we eerst het eerste en daarna het tweede deel in veiligheid. Het is het enige wat we nog uit het huis kunnen halen. De vlammen rukken in hoog tempo op en het wordt te gevaarlijk om naar binnen te gaan. Ontzettend zonde, maar wat er verder nog in het huis aanwezig is, moeten we als verloren beschouwen.

Een paar weken later. Ik ben op een oefenavond als een collega me aanstoot. 'Herinner je je die boerderijbrand nog?' Hij noemt het adres en ik knik.

'Ja, die is helemaal afgebrand, toch?'

Mijn collega knikt. 'Op dat kunstwerk na, dat Peter en jij nog uit het huis hebben gehaald.'

'O ja, dat weet ik nog. We dachten dat de eigenaar het zelf had gemaakt en dan kan het weleens emotionele waarde hebben.'

'Ben je gek?' Mijn collega grinnikt. 'Dat had de eigenaar helemaal niet zelf gemaakt, en de waarde was ook wat meer dan emotioneel. Dat ding was meer dan een ton waard.'

BANDEN

Marcel / Assen / vrijdagnacht 0.47 uur

HET ADRES DAT IK via de pieper doorkrijg, komt me erg bekend voor. Jarenlang werkte ik bij een bandengroothandel in diezelfde straat, maar de buitenbrand waarvoor we zijn opgeroepen, woedt volgens de melding niet bij de groothandel maar bij de naastgelegen garage van de streekbussen.

Ik spring uit bed en fiets naar de kazerne. Het is eind februari en al snel voel ik mijn vingers niet meer, zo koud is het. Onderweg kom ik de eerste tankautospuit al tegen. Blijkbaar is de brand groot en is mijn ploeg opgeroepen om de eerste groep te assisteren. Vrijwel gelijktijdig met de rest kom ik aan in de kazerne. We stappen in de auto en gaan op weg.

Onderweg geeft de meldkamer de precieze locatie door. Ik frons. Dat huisnummer, dat klinkt echt wel heel erg bekend. 'Is het bij de streekbussen?' vraag ik.

Meteen komt het antwoord dat mijn hart even doet overslaan. 'Nee, bij Dikabo, de bandengroothandel.'

Dat is niet best, denk ik meteen. Toen ik er nog werkte, hielden we er met de brandweer regelmatig oefeningen. De brandveiligheid in het bedrijf is in orde, maar met die grote voorraad autobanden heb ik destijds al eens gedacht: als hier iets gebeurt, moet je er snel bij zijn. De banden liggen hoog opgestapeld, weet ik. Stapels van een meter of tien zijn niet vreemd en de totale oppervlakte van het bedrijf is zeker tien voetbalvelden. Een groot aantal banden ligt onder een overkapping om ze te beschermen tegen weer en wind. Autobanden krijg je niet makkelijk in brand, maar als ze eenmaal vlamvatten, is het ook moeilijk om ze uit te krijgen. En zeker onder zo'n overkapping waar de warmte niet weg kan, steekt de ene stapel de andere makkelijk aan.

Maar als de brand in een gunstige hoek zit en we kunnen hem snel tot staan brengen, hoeft dit niet uit de hand te lopen, denk ik hoopvol.

Terwijl we onderweg zijn, wordt er al opgeschaald. Van 'buitenbrand' wordt het 'grote brand', wat betekent dat er nu vanuit de regio meer voertuigen deze kant op komen.

Zelfs op dit tijdstip zijn de rookwolken duidelijk te zien. Metershoge vlammen slaan uit stapels banden en ik begin te vrezen dat dit weleens heel groot kan worden. We zetten de auto stil en stappen uit. De OvD is al ter plekke en wijst waar hij ons wil hebben. Mijn ploeg begint te blussen, ik wend me tot de officier.

'Ik heb hier gewerkt', zeg ik. 'Ik weet hoe het terrein eruitziet en waar de dieseltanks staan. Bovendien weet ik waar de sleutels liggen van de auto's en vrachtwagens die op het terrein staan. Misschien kunnen we die nog wegzetten.'

De OvD knikt. 'Ga maar aan de slag met de auto's op het terrein en daarna kun je wat mij betreft de brandweerwagens gaan opvangen en op hun plek zetten. Houd me op de hoogte.'

Ik knik en ga snel aan de slag. Het kantoor is nog niet door de brand getroffen en ik kan naar binnen. In de tijd dat ik weg ben blijkt de plek van de sleutel gelukkig niet veranderd te zijn. Snel grijp ik de sleutels van de auto's en vrachtwagens en haast me weer naar buiten. Sommige voertuigen zijn niet meer te redden of staan zo dicht bij de brand dat het niet veilig is erin te gaan. Maar gelukkig lukt het om nog een paar auto's en een vrachtwagen van het terrein af te halen.

Ondertussen is er opgeschaald naar 'zeer grote brand'*. Dat betekent dat groot watertransport* onderweg is en er komt een compagnie*. Vanuit de hele regio zijn brandweervoertuigen onderweg.

Het grootste probleem is de stalen overkapping waaronder heel veel banden liggen opgeslagen. Het is al lastig om autobanden te blussen, maar het wordt helemaal moeilijk als je er niet dicht genoeg bij kan komen, wat nu het geval is. De overkapping is veel te heet en begint te krullen. Het gevaar voor mensen en materiaal is te groot. De brand dringt ons keer op keer terug en dat is slecht nieuws, want zo krijgen de vlammen kans om steeds meer banden te pakken.

Terwijl ik nieuw aangekomen brandweerauto's opvang, loop ik tussendoor een paar keer terug naar mijn eigen ploeg. Zij hebben al twee keer slangen moeten laten liggen en snel de auto moeten verplaatsen, omdat ze bijna door het vuur werden ingesloten.

'Het was toch windstil toen we aankwamen?' roept mijn collega Simon naar me. Hij is bijna niet verstaanbaar. De vlammen gaan meters en meters de lucht in, de vuurzee is immens. De brand zuigt daardoor zoveel zuurstof aan dat het lijkt alsof we midden in een enorme storm staan.

De hitte is zo groot dat we steeds een paar meter moeten opschuiven. Bovendien wordt door de temperatuur de ene na de andere stapel banden aangestoken, soms over een afstand van tien meter.

De brand krijgen we op deze manier niet geblust, zoveel is zeker. Feitelijk kunnen we niks anders doen dan een grendellijn rond het vuur leggen en accepteren dat alles daarbinnen als verloren moet worden beschouwd. Bij de grendellijn worden waterkanonnen geplaatst en heel veel brandweermensen met stralen. Twee korpsen worden ingezet om te voorkomen dat de brand overslaat van de loods van de bandenhandel naar die van het veevoeder- en oudpapierbedrijf dat ernaast zit. Er komen kranen en shovels om de nog niet brandende banden van het terrein te halen. Het gaat om een grote hoeveelheid die je niet zomaar ergens neerlegt, daarom wordt de rondweg afgesloten en worden de banden er gedropt.

De uren verstrijken en het blussen lijkt maar weinig effect te hebben. Ik sta tot mijn knieën in het bluswater, daarbovenop drijft een laag gesmolten rubber. Van een afstand zie ik autobanden waar een paar centimeter water in staat, maar die onverminderd doorbranden. Het zweet onder mijn pak koelt af in de vrieskou en ik sta onophoudelijk te rillen. Collega's vergaat het niet veel beter. Lopen wordt steeds meer strompelen.

Het is al bijna elf uur 's ochtends als we de brand eindelijk onder controle hebben. Het nablussen zal nog dagen duren, maar de enorme vlammen zijn verdwenen. Dat geldt niet voor de dikke, zwarte rookpluim die nog boven het terrein hangt. Ik ben moe en verkleumd en wil maar twee dingen: een warme douche en dan naar bed.

Als ik thuiskom is het stil in huis. We zouden een weekje naar de Veluwe en mijn gezin is al vertrokken. Ik hoef niet uit te leggen waar ik vannacht ben geweest, denk ik. De rook is tot in de wijde omgeving te zien geweest. Ik denk aan mijn voormalige baas en ik heb met hem te doen. Van het familiebedrijf is, op die paar banden op de rondweg na, niks over.

Een paar weken later blijkt dat er die avond is ingebroken en daarna brand is gesticht. Ik hoop maar dat de dader ooit wordt gepakt, al weet ik dat die kans klein is.

STIER

Frans / Mierlo / zondagochtend 10.49 uur

'Ik heb de andere koeien allemaal al naar buiten gebracht, op de koe na die in de put zit', zegt de boer die ons bij de ingang van de stal opvangt. 'Alleen de stier staat nog binnen.'
'Kunt u die niet naar buiten brengen?'
De man kijkt moeilijk. 'Eerlijk gezegd denk ik dat het veiliger is als hij blijft staan waar hij staat. Ik weet niet wat er gebeurt als ik hem buiten neerzet.'
'Staat hij goed vast?'
'Met kettingen.'
Ik aarzel even, maar knik dan. 'Goed, we gaan aan de slag.'
De boer opent de deur van de stal en we lopen achter hem aan naar binnen. De stier staat links achteraan. Alleen zijn horens zijn al indrukwekkend. Het enorme dier is onrustig door alle commotie en snuift hoorbaar. Dat wij met z'n achten in pakken met lichtgevende strepen binnenkomen, helpt ook niet echt. Ik werp een blik op de ketting waarmee hij vastzit.
Aan de andere kant, tegenover de nerveuze stier, is een koe in de mestput gevallen. Het is geen makkelijke plek, achter de rij met stallen. De put is aardig diep en het dier staat tot haar buik in de mest.

We maken een plan. Een van de jongens trekt een speciaal pak aan om zich zo meteen in de put te laten zakken. Hij zal dan twee banden onder de buik van de koe door schuiven, zodat we het dier eruit kunnen takelen. Net als hij het pak dichtritst, klinkt achter ons een enorm kabaal. De kettingen rammelen en het hekwerk waar ze aan vastzitten, kraakt. De stier snuift en loeit en gooit zijn volle gewicht in de strijd om los te komen. Met zijn hoeven schraapt hij over de vloer.

'Wegwezen!' roep ik en het volgende moment zetten we het allemaal op een lopen. Met twee tegelijk sprinten we door de deur naar buiten. Ik ben de laatste en gooi hem met een klap dicht.

'Is hij los?' vraagt de boer verontrust.

'Geen idee, maar ik ga niet kijken', zeg ik, terwijl ik stevig tegen de deur geleund blijf staan. Daarna gebaar ik naar de chauffeur dat hij de auto moet verzetten. Binnen klinkt nog steeds het woedende geloei.

Als onze brandweerauto veilig en wel voor de deur staat, haal ik diep adem. Al zou de stier door de houten deur heen breken, dan nog hoeven we niet te vrezen. Ik overweeg een veearts te laten komen om hem te verdoven zodat wij rustig ons werk kunnen doen, maar besluit nog even af te wachten.

Na een tijdje wordt het gebrul minder. Ik hoor nog steeds het geluid van staal tegen staal, wat zou moeten betekenen dat de kettingen en het hek waaraan ze vastzitten, het hebben gehouden.

'Laten we maar weer eens gaan kijken', zeg ik. De chauffeur rijdt de auto aan de kant en uiterst voorzichtig doe ik de deur van de stal open. De stier staat snuivend op zijn plek.

'Poging twee', zeg ik tegen de ploeg. 'Volgens mij is hij wat gekalmeerd.'

Het beest kijkt ons verre van vriendelijk aan, maar hij is inderdaad wel rustiger als we de stal weer in lopen. 'Laten we dit klusje snel klaren', zeg ik, nog niet helemaal op mijn gemak met die enorme kolos op slechts een paar meter afstand.

Drie kwartier laten halen we de koe uit de mest. We brengen het beest naar buiten om haar af te spuiten met de brandweerslang. Snel doe ik de staldeur achter me dicht.

IN TWEEËN

Albert / Heemskerk / donderdagnacht 0.43 uur

Ik moet de voorruit van de auto krabben als ik op weg ga naar de kazerne. De herfst loopt op z'n einde en het is al de vierde nacht dat het vriest. Gelukkig heb ik inmiddels geleerd hoe je de ruit heel snel ijsvrij maakt. Binnen een minuut zit ik in de auto, anderhalve minuut later met mijn pak aan in de tankautospuit.

'Ongeval met beknelling', luidt de melding. 'Mogelijk meerdere slachtoffers.'

Ik ken de weg waar het is gebeurd: een 80 km/u-weg waar het met grote regelmaat misgaat. Soms valt het mee, vaak is het ernstig.

Vandaag is het ernstig. Onderweg komt er meer informatie door vanuit de meldkamer: auto in tweeën, mogelijk meerdere slachtoffers.

Een paar minuten later zie ik de zwaailichten van de politie en ambulance, die al ter plekke zijn. De chauffeur parkeert de auto en we stappen uit. In de voortuin van een huis, net niet tegen de gevel aan, staat een klein sportautootje, letterlijk in twee delen. De auto is net achter de voordeur doorgescheurd. Aan de andere kant van de weg zie ik een Volkswagen Golf met schade aan de voorkant en twee geklapte airbags. De bestuurder van die auto staat naast zijn wagen.

Er komt een politieagent naar ons toe. Ik zie al aan zijn gezicht dat het menens is. Hij laat weten dat de slachtoffers jonge jongens zijn, begin twintig. 'De bestuurder is met een paar schrammen uitgestapt', zegt hij. 'Maar de bijrijder is overleden.'

Ik werp een blik op het wrak. Op de bijrijdersstoel ligt een wit laken waarmee het slachtoffer afgedekt is. Ik knik. 'We gaan hem eruit halen.'

We lopen naar onze wagen en pakken het benodigde gereedschap. Daarna gaan we aan de slag bij het autowrak. Onwillekeurig denk ik aan mijn eigen zoon van ongeveer dezelfde leeftijd. Hij heeft zijn rijbewijs nog niet zo lang. Je moet in dit werk uitkijken dat je wat je ziet niet altijd op jezelf betrekt, maar soms gaat het automatisch.

Niet zo lang daarna halen we het overleden slachtoffer uit de auto. Hij wordt opgehaald door iemand van het uitvaartcentrum. Onderweg terug naar de kazerne is het heel stil in de auto.

DOUCHE

Peter / Den Haag / dinsdagavond 20.14 uur

'Ik heb eigenlijk de politie nodig.'

Ik frons. Dit is niet de meest gebruikelijke mededeling als iemand met de meldkamer van de brandweer belt. 'Tja, vertel, waarom belt u ons dan?'

'Ik weet het eigenlijk niet.' De vrouw aan de andere kant van de lijn klinkt onzeker. 'Mijn dochter zit vast in de douche.'

'Dan bent u bij ons aan het juiste adres. Ik stuur gewoon zes knappe mannen naar u toe en dan komt het allemaal goed.'

'Komt er dan zo'n grote brandweerauto?'

'Dat is wel gebruikelijk, ja.'

'Heeft u geen kleine auto's?'

Ik frons. 'Nee, helaas. Maar vertelt u eerst even hoe uw dochter precies vastzit.'

'Haar oorbel was in het afvoerputje gevallen en toen ze hem eruit wilde halen, kwam haar vinger vast te zitten. Maar als u gewoon even één persoon stuurt, is het wel voldoende.'

'Tja, ik ben bang dat het zo niet werkt.'

'Kan het echt niet?' De moeder begint een beetje paniekerig te klinken. 'Laat anders maar zitten, dan probeer ik haar zelf wel los te krijgen.'

'Weet u het zeker?'

'Ja, nee, dat heb ik al geprobeerd, maar toen kwam haar vinger alleen maar vaster te zitten. Ik wil gewoon liever niet dat er straks zes man in de badkamer staan. Mijn dochter is achttien, snapt u? En naakt.'

Ik begrijp haar probleem wel, maar ik kan moeilijk een half team op pad sturen. 'Weet u wat,' zeg ik dan, 'zet maar even voor vijf man koffie. En dan gooit u ook een handdoek om uw dochter heen.'

'Gaat er dan maar één persoon naar boven?' vraagt de vrouw.

'Wel als u voor de andere vijf koffie klaarzet.'

Even later hangt de vrouw opgelucht op. Ze gaat snel koffiezetten.

BOOBYTRAP

Anka / Groningen / dinsdagavond 22.54 uur

'Anka, pas op: bij de voordeur is het luik weggehaald.' Mijn collega Jan-Pieter komt naar me toe en gebaart naar de deur achter hem.
'Hoe bedoel je?'
'Er lag een mat overheen, maar daar zit geen luik onder. Ik kon nog net op tijd terugstappen, anders had ik in de kruipruimte gelegen.'
O god, denk ik bij mezelf. Boobytrap.
Ik heb nu even geen tijd om na te denken over het hoe en waarom. Op de eerste en de bovenste verdieping van het kleine rijtjeshuis waar we net zijn aangekomen, woedt brand. De vlammen slaan uit het dak en we moeten snel zijn, anders slaat het vuur straks over op de aangrenzende huizen.
'Hebben we een plank?' roep ik naar collega's die bezig zijn de slangen uit de auto te halen.
'Ja!'
'Plank eroverheen en iedereen waarschuwen dat die losligt!' besluit ik.
Snel gaat de ploeg verder. De slangen worden aangesloten en over de losse plank lopen vier man uit de ploeg het huis binnen. Ze

haasten zich naar boven en beginnen te blussen. Ik loop achter hen aan. Op de bovenverdieping open ik een paar deuren. In de kamers is het schemerig, en dat komt niet alleen door de rook. De ramen zijn half dichtgespijkerd met planken. Op zolder is het dakraam op dezelfde manier dichtgemaakt.

Snel ren ik naar beneden en vraag aan de bemanning van de hoogwerker om de planken en de ramen te verwijderen. 'En ga ook maar naar binnen blussen', zeg ik. Dat heeft normaal gesproken niet de voorkeur. Water brengt zuurstof met zich mee en door van buiten naar binnen te blussen, breng je extra zuurstof bij een brand, die zich daardoor makkelijker kan uitbreiden. Maar ik vertrouw het niet in dit huis en heb geen zin in nog meer verrassingen. Daarom laat ik mijn ploeg liever niet van binnenuit blussen.

Terwijl de hoogwerker in gereedheid wordt gebracht, ga ik weer naar binnen. 'Pas op, want er wordt zo van buitenaf geblust', maak ik de ploeg duidelijk. 'Jullie moeten verzamelen bij de trap en van daaruit verder blussen. Als er dan iets gebeurt, kun je snel naar beneden.'

Een halfuur later is het vuur onder controle. De vier brandweermannen uit mijn ploeg gaan naar binnen voor de naverkenning. Het duurt niet lang voordat Jan-Pieter weer naar buiten komt.

'Anka, kom eens kijken...'

Ik volg hem naar boven. Hij wijst naar een van de kamers. Ik werp een blik naar binnen, zie de zwartgeblakerde planten en kijk naar Marcel, een andere collega. Die haalt zijn schouders op. 'De hele bovenverdieping staat vol. En de zolder.'

Ik trek me terug en draai me om naar de ploeg. 'Jongens, ademlucht ophouden', druk ik ze op het hart. 'Tenzij je straks zo stoned als een garnaal naar buiten wilt komen.'

SCHAATSEN

Anka / Groningen / maandagavond 22.09 uur

HET IS MIS OP de ringweg. Twee jonge vrouwen hebben onder invloed van verdovende middelen een enorme ravage veroorzaakt. Al slingerend hebben ze een andere auto geraakt en nu zijn beide voertuigen zwaar gecrasht. Omdat in beide auto's personen bekneld zitten, zijn wij met zwaailichten en sirene uitgerukt.

Eén auto staat dwars over de weg, van de voorkant is weinig over. De andere is met de zijkant tegen de vangrail tot stilstand gekomen. Snel kijken we bij beide voertuigen. In de auto tegen de vangrail zitten de twee vrouwen, ernstig gewond maar beiden nog aanspreekbaar. In het andere voertuig zien we een man, zwaargewond, buiten kennis maar in leven. We besluiten ons eerst op hem te richten, voor de gewonde vrouwen is een tweede brandweerauto onderweg. Ook arriveren er net drie ambulances en een politieauto.

Het slachtoffer zit zo bekneld dat het dak van zijn auto moet worden geknipt om bij hem te kunnen komen. Een dak openknippen is met de grote schaar die wij bij ons hebben niet zo ingewikkeld, maar het moet wel met beleid gebeuren. Voor je het weet, veroorzaak je alleen maar meer schade bij het slachtoffer.

Twintig minuten houd ik het dak omhoog, tot mijn spieren verzuurd zijn en mijn armen trillen. Mijn collega neemt het over, en even later is de auto ver genoeg open om de man eruit te kunnen halen. Ik ben er totaal niet gerust op dat hij het gaat redden. Zijn benen hebben heel erg bekneld gezeten, hij heeft het stuur in zijn buik gekregen en de airbag ziet rood van het bloed dat uit een grote wond op zijn hoofd stroomt. Hij gaat meteen de ambulance in en even later verlaat die met loeiende sirenes de plek van het ongeval.

Wij haasten ons intussen naar het tweede voertuig, waar collega's al begonnen zijn de twee vrouwen te bevrijden. Al snel worden ze uit het autowrak gehaald. Terwijl de ambulancemedewerkers zich met hen bezighouden, maakt een collega van mij de kofferbak van de auto open.

'Dat bin'n twee schaatsers, ja', zegt hij op z'n Gronings. 'Dat zag ik al aan die benen.'

Ik kijk over zijn schouder mee en zie inderdaad een paar schaatsen liggen. Ook staat er een doos met wat kleine apparatuur: een cd-speler, twee mobiele telefoons.

'Nou, dat zijn geen schaatsers, hoor', zegt een politieagent. 'We hebben hun gegevens al even gecheckt bij de meldkamer. Die twee staan bekend als prostituees en hebben bovendien wat woninginbraken op hun naam staan.'

Ik kijk nog eens naar de spullen achterin en begin een vermoeden te krijgen waar die vandaan komen. Ik heb de gewoonte om niet te oordelen over de mensen die ik help, maar als ik denk aan die zwaargewonde man die op het verkeerde moment op de verkeerde plek reed, voel ik boosheid.

Later die nacht overlijdt de man in het ziekenhuis.

VERWARRING

Eelco / Weeze / dinsdagochtend 9.45 uur

IK HEB ZIN IN vandaag. Eens per jaar oefenen we in een groot oefencentrum en deze week is dat in Weeze, net over de grens in Duitsland. De Nederlandse oefencentra zijn ook mooi uitgerust, maar Weeze heeft net wat betere faciliteiten. De oude Britse luchtmachtbasis die nu gebruikt wordt om te oefenen, heeft onder meer een heus dorp met straten en huizen.

Ik heb me uitgesloofd met het bedenken van de scenario's, wat onderdeel van mijn werk is. De truc is om situaties te verzinnen die niet dermate over de top zijn dat ze onrealistisch worden, maar die ook niet zo standaard zijn dat ze op de wekelijkse oefenavond van de verschillende korpsen de revue kunnen passeren. Ook wil ik dat er altijd een onverwachte wending in zit, die iedereen op het verkeerde been zet. Uit de verschillende manieren waarop onze mensen hierop reageren, kun je veel lessen trekken.

Het mooie van de oefeningen is ook dat er politie- en ambulancemensen aanwezig zijn. De oefeningen zijn in de basis bedoeld voor de brandweer, maar bij grootschalige inzetten is het in de praktijk gebruikelijk dat er ook andere hulpverleners aanwezig zijn. Vroeger bootsten we zo'n situatie nog weleens na door bij een oefening een brandweerman een politiepet op te zetten, maar toch werkte dat niet echt. Vroeg je de als politieagent verklede brandweerman om het verkeer te gaan regelen, dan knikte hij en liep weg. In de praktijk heeft de politieagent het verkeer allang geregeld en zal hij de brandweer vragen stellen die te maken hebben met de openbare orde en veiligheid. Ook daar moeten onze mensen op voorbereid zijn.

Ik heb het scenario van een brandmelding in een psychiatrische inrichting bedacht. Bij zo'n melding gaan automatisch brandweer en politie op pad. In mijn scenario arriveert de politie als eerste en treft voor de deur van het pand een bhv'er aan, herkenbaar aan zijn veiligheidshesje. Hij stelt zich voor als het hoofd bhv, en tevens de directeur van de instelling. Voor alle rollen buiten de hulpdiensten – zoals deze bhv'er, omstanders en slachtoffers – maak ik gebruik van acteurs. Die spelen hun rollen zo goed dat het vrijwel altijd lukt om natuurlijk gedrag bij de hulpverleners op te roepen, en dat is precies wat ik wil zien.

Ook de bhv'er in kwestie speelt zijn rol vol overtuiging. 'Bedankt dat jullie zijn gekomen', zegt hij tegen de politieagenten. 'We hebben inderdaad brand, maar het blijkt reuze mee te vallen. Het pand is ontruimd, de bewoners van de inrichting zijn opgevangen in de locatie hierachter.'

Op dat moment komt ook de brandweer aan. Zij krijgen hetzelfde verhaal te horen.

'Goed, maar wij gaan toch eerst met eigen ogen kijken', zegt de bevelvoerder geheel volgens protocol.

'Dat is echt niet nodig, hoor. Het hele pand is ontruimd. Ga maar gewoon blussen.'

De bevelvoerder blijft bij het protocol en stuurt twee mannen uit de ploeg naar binnen. Daar staat inmiddels wat rook en binnen no time vindt het duo een slachtoffer.

'O...' zegt de bhv'er als het tweetal met hem naar buiten komt. 'Tja, dat zal dan de enige zijn geweest, want we hebben het pand echt goed gecheckt.'

De brandweermannen gaan opnieuw naar binnen en het tafereel herhaalt zich: opnieuw komen ze met een slachtoffer naar buiten. Ik zie verwarring op hun gezichten ontstaan, want het verhaal van de bhv'er is blijkbaar niet zo geloofwaardig als het overkomt. Ik verheug me op wat er zo meteen gaan gebeuren.

De politie heeft intussen de straat afgezet. Achter het lint is een oploop van publiek ontstaan. Een vrouw baant zich een weg naar voren.

'Mag ik erdoor?'
'Nee,' zegt een agent, 'dat gaat niet, want er is brand.'
'Maar ik ben de directeur van deze instelling.'
De agent trekt zijn wenkbrauwen op. 'Hoe bedoelt u?'
'Zoals ik het zeg: ik ben de directeur en ik wil er graag langs.'

De verwarring op het gezicht van de agent is mooi om te zien. Hij kijkt naar de bhv'er en dan terug naar de vrouw. 'Maar de directeur staat daar.'

'Welnee, dat is een van mijn patiënten.'

De agent neemt contact op met de meldkamer – in dit geval iemand van de oefenstaf – en vraagt om informatie. Bij de meldkamer is van alle bedrijven en instellingen in een gebied bekend wie de eigenaar, directeur of bedrijfsleider is.

'Mevrouw Pietersen is de directeur', geeft 'de meldkamer' door.

De agent vraagt de vrouw om legitimatie, zij bewijst dat ze mevrouw Pietersen is en mag doorlopen. Om de oefening compleet te maken heb ik met de acteur die de bhv'er speelt, afgesproken dat hij doet alsof hij een epileptische aanval krijgt als hij wordt ontmaskerd. Ondertussen moet de brandweerploeg zonder vertraging het brandende pand checken en daarna blussen, terwijl ook zij in verwarring zijn gebracht door de niet-kloppende informatie van de bhv'er. Het lukt om snel om te schakelen en ook de politie heeft de situatie al vlug onder controle. We gaan nog uitgebreid evalueren, maar voor nu is de oefening geslaagd.

KETTINGBOTSING

Jaco / rijksweg A58 / dinsdagochtend 7.56 uur

'Welterusten', zegt mijn vrouw terwijl ze de broodtrommels van de kinderen vult. Mijn gezin zit aan de ontbijttafel, ik ga slapen omdat ik nachtdienst op de ambulance heb gehad.

'Werk ze', zeg ik, omdat zij zo de deur uit gaat. Ik wens mijn kinderen veel plezier op school en loop naar boven. Ik kleed me uit, doe de gordijnen dicht en kruip onder de deken. Binnen twee minuten ben ik vertrokken.

Nog geen vijf minuten later schrik ik weer wakker. Mijn pieper gaat, ik kijk er snel op. *Ongeval met beknelling, A58.*

Ik sla de dekens terug, schiet mijn kleren weer aan en dender de trap af. 'Ik ben weg!' roep ik naar Marije, die nog in de keuken is. Daarna gris ik mijn jas van de kapstok, grijp de autosleutels en binnen tien seconden zit ik achter het stuur. Door de adrenaline voel ik mijn vermoeidheid niet meer.

Toen ik een halfuurtje geleden thuiskwam, was het al mistig. Ik ben verbaasd hoe snel het verder dicht is getrokken. Het zicht is nu minder dan vijftig meter en het is dat ik de route naar de kazerne op mijn duimpje ken, anders zou ik niet eens de weg kunnen vinden.

'Niet normaal, hè', zeggen ook mijn collega's als we met z'n allen in de tankautospuit zitten. Er was mist voorspeld, maar dat het zo erg zou worden, had niemand verwacht.

De bevelvoerder meldt ons in bij de meldkamer. We worden op pad gestuurd naar de snelweg, de A58, afslag Heinkenszand. Net voorbij de afslag zijn auto's op elkaar geknald. Hoeveel weten we nog niet precies, maar dat het serieus is, is al wel duidelijk.

Het is lastig rijden door de mist. Normaal gesproken kunnen we in hoog tempo over de linkerbaan, maar nu moet de chauffeur de snelheid aanpassen aan de omstandigheden. Andere automobilisten zien ons niet of pas op het laatste moment. Iets voor Lewedorp ontstaat file en we rijden verder over de vluchtstrook.

Plotseling staan we stil. Ik kijk naar buiten via de voorruit en zie een auto dwars over de vluchtstrook staan. Daarachter staat er nog eentje, tegen de vangrail. Ik laat mijn blik over de rijbanen gaan en kan mijn eigen ogen bijna niet geloven. De mist belet me om de hele weg te overzien, maar in de tien meter zicht die ik heb, zie ik alleen maar auto's die op elkaar zijn geknald. Tientallen.

We kunnen er niet langs, zoveel is duidelijk. De bevelvoerder neemt contact op met de meldkamer, wij stappen uit. De kettingbotsing is net gebeurd, we zitten in de eerste chaos. Er is één ambulance, maar er zijn er veel meer nodig. Mensen rennen heen en weer, schreeuwend, zwaaiend. Het ruikt naar verbrand rubber, rook, en koelvloeistoffen uit de gecrashte auto's. Eén auto ligt op z'n kant, her en der zie ik slachtoffers op het asfalt. Het ambulancepersoneel is aan het verkennen en inventariseren. Nu ik rondloop merk ik pas hoe groot het ongeluk is. Er komt geen eind aan de stroom gecrashte auto's die opdoemen in de mist.

Het belangrijkste is dat we eerst overzicht krijgen. Mijn collega's gaan aan de slag met het verlenen van eerste hulp, ik ga samen met de bevelvoerder verkennen. Hoeveel slachtoffers zijn er, hoe zijn ze eraan toe, wie heeft als eerste hulp nodig, lekken er gevaarlijke stoffen uit de auto's – we moeten overal op letten. Er komen meer ambulances aan, en een tankautospuit uit Middelburg. Ik zie een zwaargewond meisje in een auto. Ik overleg met ambulancemedewerkers, wijs hun waar de slachtoffers zijn die er het meest ernstig aan toe zijn. Het is lastig de weg te wijzen in de mist. Er is politie. Ambulances staan geparkeerd op de andere rijbaan, slachtoffers worden over de vangrail getild, omdat er aan deze kant geen doorkomen aan is.

Als de zwaargewonde slachtoffers onderweg zijn naar het ziekenhuis, hebben we tijd voor de mensen die er minder slecht aan toe zijn. Slachtoffers die klagen over pijn in hun rug, armen, benen en enkels. Ik denk dat er heel wat mensen zijn met kneuzingen. Intussen krijgen we meer informatie door. Het is op meerdere plekken op de A58 helemaal misgegaan. Vele tientallen auto's zijn op elkaar geklapt, we krijgen berichten over vele gewonden. Nog eens honderden of misschien wel duizenden auto's staan muurvast in de ontstane files. Door de mist gebeuren ook daar weer aanrijdingen. Ik denk aan mijn zoon, die altijd met de bus naar school gaat. Zijn route loopt over de A58. Snel check ik mijn telefoon, maar gelukkig zie ik een berichtje dat hij veilig is.

De bevelvoerder heeft verschrikkelijk nieuws. Collega's die op een van de andere ongevalsplekken zijn, hebben een collega van de brandweer in Middelburg gezien. Hij was betrokken bij een van de massale botsingen. Ambulancemedewerkers hebben hem nog gereanimeerd, maar tevergeefs. Hij is op de plek van het ongeval overleden.

Het nieuws komt hard aan. Een van de jongens uit de ploeg is een collega van hem in het dagelijks werk. Ik ken hem van de jeugdbrandweer, ik heb nog les van hem gehad. Even zijn we uit het veld geslagen, maar we hebben nu geen tijd om erbij stil te staan. De bevelvoerder vraagt of we door kunnen. Iedereen knikt. Alle korpsen uit de regio zijn betrokken, uit het hele land komen ambulances. We kunnen nu niet terug naar de kazerne, er is nog zoveel te doen.

We lopen over de snelweg. Auto's staan kriskras door elkaar. Sommige een beetje beschadigd, andere total loss. Het lijkt wel een autosloop. Mensen die niet gewond zijn, zitten te wachten op de vangrail. Ze kunnen niet weg; hun auto's doen het niet meer en bovendien staat er tientallen kilometers file. Er wordt gesproken over bussen die ingezet gaan worden om hen hier weg te krijgen, maar dat zal nog wel even duren.

Het loopt tegen het einde van de ochtend. Langzaam maar zeker is de mist opgetrokken en nu wordt het warm. We moeten ons ook bekommeren om de mensen in de file. Velen zijn uitgestapt en staan of zitten in de berm. Maar er zijn ook mensen die medicijnen nodig hebben of onderweg zijn naar het ziekenhuis. Baby's die voeding moeten hebben. We inventariseren en helpen de mensen die dat nodig hebben. Lopend komen we op de plek waar onze brandweercollega is verongelukt en waar, naar nu blijkt, nog een slachtoffer is gevallen. Het politieonderzoek is in volle gang, de slachtoffers zijn nog op de plek van het ongeval. Ik wil iets doen, het maakt niet uit wat. Uiteindelijk houd ik een scherm omhoog.

Het is al halverwege de middag als de meeste autowrakken eindelijk zijn weggesleept. Rijkswaterstaat heeft delen van de vangrail verwijderd en rijplaten in de berm gelegd. Mensen die al uren in de file staan, kunnen keren. Ons werk zit erop. Zeven uur nadat we zijn aangekomen, stappen we weer in de tankautospuit. We gaan niet terug naar Arnemuiden, maar rijden naar Middelburg. Op de hoofdpost is een grote nabespreking voor alle korpsen uit de regio. De inzet is heftig geweest en het is goed om na te praten, vragen te beantwoorden, samen het hele plaatje in te vullen. Natuurlijk gaat het ook over onze collega uit Middelburg. Langzaamaan begint bij mij het besef door te dringen dat het echt zo is.

Pas tegen de avond ga ik naar huis. Ik wil alleen nog maar douchen en slapen. Vannacht heb ik weer nachtdienst op de ambulance. Ik hoop dat het niet mistig wordt.

GLASBAK

Marcel / Utrecht / woensdagnacht 1.03 uur

PRIO2*, KAT IN DE glasbak. Het kost me een paar seconden om de melding die via de pieper binnenkomt tot me te laten doordringen. Het is weer eens iets anders dan een kat in een boom. Vrijwel meteen sta ik naast mijn bed en terwijl ik me vlug aankleed, vorm ik een beeld in mijn hoofd. Bij een glasbak denk ik aan zo'n grote, groene container op straat. Katten kunnen veel, maar ik vraag me af hoe zo'n beest erin heeft kunnen klimmen, aangezien de opening best hoog zit en het oppervlak weinig houvast biedt voor kattenpootjes.

De tweede vraag die in me opkomt is: hoe ga ik die glasbak openmaken? De gemeente bellen en vragen of ze de bak kunnen komen legen is niet echt een optie. Dan is de kat er weliswaar uit, maar die valt dan te pletter tussen de scherven. We hebben een snijbrander waarmee we de container open kunnen maken, maar ik ben bang dat de kat dan levend verbrandt.

Onderweg naar de plaats van het incident nemen we de mogelijkheden door. Ondertussen vraag ik of de meldkamer de dierenambulance wil alarmeren, want als ik straks een geschrokken kat in mijn handen heb, zal het dier toch ergens naartoe moeten.

'Ik zie geen glasbak', zeg ik als we aankomen op de locatie die door de melder is doorgegeven. Het volgende moment valt mijn oog op een lage container op een vierkante plaat. Aan die optie had ik even niet gedacht: een ondergrondse glasbak.

'Ik parkeerde mijn auto hier en toen hoorde ik miauwgeluiden', zegt de taxichauffeur die het alarmnummer heeft gebeld. 'Ik vond het te zielig om gewoon door te lopen.'

'Goed dat u heeft gebeld', zeg ik. 'We gaan aan de slag.'

Ik weet alleen nog niet hoe. Terwijl ook wij de geluiden vanuit de container horen, beramen we een plan. We hebben talloze protocollen en we oefenen wat af, maar altijd blijken er toch weer situaties te zijn die we nog niet eerder hebben meegemaakt. Dit is er eentje.

'Hier zit een deurtje', zeg ik, als ik met mijn zaklamp op de container schijn. Aan de achterkant zit een opening. Niet groot, maar misschien groot genoeg voor Tim, de kleinste van de ploeg. Ik trek de deur open en schijn in de container. Die zit ongeveer halfvol en in het voorbijgaan zie ik ogen schitteren. Het gemiauw klinkt nu ook harder.

'Moet wel lukken', zegt Tim, als ik voorstel dat hij naar binnen gaat. We pakken een kleine ladder, laten die zakken en als hij enigszins stevig op de ondergrond van scherven staat, wurmt Tim zich door de opening. Hij heeft een ademluchtmasker op om zijn gezicht tegen het glas en de nagels van de kat te beschermen, en dat gecombineerd met zijn laarzen, pak en helm is hij toch nog behoorlijk groot. Maar het gaat net.

'Kom hier, poes', klinkt het even later blikkerig vanuit de container. Ik kijk naar binnen en zie de lichtstraal van Tims zaklamp heen en weer schieten. Het knerpt en schuurt als hij zich een weg over de scherven baant.

De kat is niet van plan zich zomaar te laten vangen. Dat het spreekwoord 'Een kat in het nauw maakt rare sprongen' ergens vandaan komt, heb ik al vaker gemerkt. Bij brand kom ik ook regelmatig paniekerige katten tegen. Die vliegen alle kanten op en zijn nauwelijks te hanteren.

In de container heeft Tim het zwaar. Er klinken allerlei verwensingen aan het adres van de kat. Tim baant zich een weg van de ene kant van de container naar de andere kant en weer terug, maar het beest is hem de hele tijd voor. Uiteindelijk horen we een kreet, een hoop geknerp en dan klinkt Tims stem: 'Hebbes!'

De kat krijst en vecht, maar Tim laat niet meer los. De twee medewerkers van de dierenambulance houden een reismand voor de opening van de glasbak en balancerend op de ladder stopt Tim de tegenstribbelende kat erin. Snel doen we het deurtje dicht.

Tims beloning is een hoop geblaas, maar hij is allang blij. Als de kat nog kan blazen, is hij in elk geval in goeden doen en dat betekent: missie geslaagd.

Terwijl we terugrijden naar de kazerne, denk ik na over de vraag die vannacht als eerste in me opkwam: hoe komt een kat in een glasbak terecht? Het lijkt me nog steeds heel sterk dat het dier er zelf in geklommen is. Ik heb de opening net nog eens goed bekeken en kan eigenlijk maar één optie bedenken.

GEBOEID

Davy / Dieren / zondagnacht 2.17 uur

De adrenaline gaat door mijn lijf als we over een verlaten 80 km/u-weg racen. Het is midden in de nacht en doodstil. Met mijn collega Sven beman ik vannacht het hulpverleningsvoertuig, en er is ook al een tankautospuit van ons korps ter plaatse.

De melding is een eenzijdig ongeval, twee slachtoffers. Op de plek van het ongeval is het een ravage. Ik vang een blik op van een gloednieuwe kentekenplaat, zo'n beetje het enige aan de auto dat nog enigszins herkenbaar is. Verder ligt de SUV helemaal in puin tegen een boom. Vanuit mijn ooghoek zie ik hoe de ambulancedienst aan de passagierskant een jonge vrouw uit de wagen haalt. Ze wordt op de brancard gelegd en verdwijnt meteen in de auto. Even later verlaat die met gillende sirenes de plaats van het ongeval.

Een paar jongens van onze ploeg knippen de auto open. Samen met een collega houd ik een scherm omhoog. Er is niet veel verkeer, maar de plek van het ongeluk is nu fel verlicht door onze lampen. Van een afstand zie ik hoe de bestuurder uit de auto wordt gehaald en gereanimeerd.

Een uurtje later zijn we terug op de kazerne. Ook al is het midden in de nacht, dit soort heftige inzetten wordt altijd meteen nabesproken. Mijn vader was niet mee naar het ongeval, maar hij is wel naar de kazerne gekomen. Niet zo lang geleden was ik betrokken bij een inzet op het spoor waar een man zelfmoord had gepleegd en daar heb ik achteraf veel last van gehad. Ik denk dat mijn vader me daarom extra in de gaten houdt.

'Gaat het, Davy?' vraagt ook de bevelvoerder.

Ik knik. Tot mijn eigen verbazing kost het me dit keer niet echt moeite om professionele afstand te bewaren tot het ongeluk. Ik vind het naar voor de betrokkenen, maar mij raakt het niet echt persoonlijk. Ik denk dat ik na de vorige keer een muurtje heb opgebouwd, waardoor heftige incidenten nu minder hard binnenkomen.

De volgende ochtend aan het ontbijt informeert mijn vader er opnieuw naar, maar mijn gevoel is niet veranderd.

'Mooi', knikt hij goedkeurend. 'En gelukkig gebeurt het ook niet zo heel erg vaak dat je betrokken bent bij zulke ernstige incidenten. Er gebeuren vaak genoeg leuke dingen.'

Die middag gaat de pieper opnieuw. Mijn vader en ik wilden net gaan eten, maar het gas gaat uit en we rijden snel naar de kazerne. *Assistentie aan derden*, is de melding, en we worden verwacht op de huisartsenpost. Dit kan van alles betekenen en omdat het nog niet duidelijk is wat precies, rukken we met groot materieel en veel mankracht uit: acht man in de tankautospuit, drie in het hulpverleningsvoertuig.

Onderweg geeft de meldkamer meer informatie door: het gaat om een vrouw die vastzit met handboeien. Er klinkt gelach en de hele groep biedt zich aan als vrijwilliger om naar binnen te gaan. Dat vindt de bevelvoerder echter wat veel van het goede en uiteindelijk neemt hij vijf man mee, de rest blijft buiten bij de voertuigen.

Het is mooi weer en iedereen heeft er zin in. Voorbijgangers blijven staan om een praatje te maken. Het ziet er natuurlijk ook wel meteen heftig uit: twee van die grote brandweerauto's en een clubje brandweermannen. Op zichzelf is het niet echt nodig om met zoveel materieel uit te rukken om een stel handboeien door te knippen, maar alleen op het hulpverleningsvoertuig ligt het gereedschap dat hiervoor nodig is en dat voertuig rijdt altijd onder commando van een tankautospuit. Als beide voertuigen op pad gaan, moet de bemanning compleet zijn. Dat is nu eenmaal onze procedure. Stel dat we hierna worden opgeroepen voor een grote brand of ongeval met beknelling, dan kan de tijd die we nodig zouden hebben om langs de kazerne te rijden en de rest van de ploeg op te halen, letterlijk levens kosten.

Vanuit de huisartsenpost komt een man naar buiten. Hij zwalkt een beetje en als hij dichterbij komt, is de alcohollucht onmiskenbaar. Om zijn polsen zit een stel handboeien.

'Hé, jongens', zegt hij met dubbele tong. Hij steekt zijn armen naar voren. 'Kunnen jullie dit ding eraf halen?'

'Nee, dat gaat helaas niet', zegt een van mijn collega's. 'Ons gereedschap ligt binnen.'

'O.' De man denkt even na en zegt dan: 'Ik kan er nog alles mee, hoor. Moet je zien. Ik kan er nog mee zwaaien.' Hij maakt allerlei bewegingen met zijn handen en grinnikt een beetje. Dan buigt hij zich naar ons toe. 'Ik kan er nog van alles mee hoor, als je begrijpt wat ik bedoel.'

Ik schiet in de lach, net als mijn collega's. 'Da's mooi', zegt een van de jongens uit de ploeg. 'Maar ga nou maar even naar binnen, dan knippen ze hem voor je los.'

De man verdwijnt weer naar binnen, ons lachend achterlatend. Niet veel later komen onze collega's weer naar buiten. Mijn vader stoot me aan. 'Dat was een mooi verhaal', zegt hij. 'Hij had handboeien om zijn polsen gedaan, zij om haar enkels. Maar toen waren ze het sleuteltje kwijt en werden haar enkels wel heel erg dik. De politie is nog geweest om te zien of hun sleutel paste, maar dat was niet zo.'

De deur gaat weer open en de man komt opnieuw naar buiten, deze keer in gezelschap van een vrouw. Zij slaat haar handen voor haar gezicht als ze ziet dat de vijf brandweermannen die ze binnen al had getroffen, niet de hele ploeg waren.

'Ik schaam me dood', zegt ze. 'Jullie zijn hier toch niet echt allemaal voor ons?'

'Toch wel', verklaart de bevelvoerder opgewekt.

'Dit was de laatste keer dat ik handboeien gebruik. Ik vind het zo gênant.' Ze bedankt ons nog snel, maar maakt zich dan uit de voeten. Haar man vindt het nog steeds ontzettend geestig. Grinnikend loopt hij achter haar aan.

Ik heb nog steeds een glimlach op mijn gezicht als we bij de kazerne aankomen. Mijn vader had gelijk: er gebeuren gelukkig ook genoeg leuke dingen.

BALK

Anka / Groningen / zaterdagmiddag 12.54 uur

'ER ZOU NOG EEN persoon in de woning aanwezig zijn.' Terwijl we met prio1 onderweg zijn naar een woningbrand, komt er vanuit de meldkamer meer informatie door. Ik probeer me in gedachten voor te bereiden op de inzet. Het gaat om een woning in de binnenstad. Daar staan allemaal oude huizen waar brand snel om zich heen grijpt en makkelijk van het ene op het andere pand overslaat. We zullen vliegensvlug naar binnen moeten gaan om de persoon te zoeken en de brand zo snel mogelijk te blussen.

We komen aan in een smal straatje midden in het centrum. De vlammen slaan uit de eerste verdieping van het pand. Onze chauffeur zet de auto stil en snel stappen we uit en pakken de slangen. Collega Peter en ik vormen vandaag de aanvalsploeg, wat betekent dat wij de persoon gaan zoeken. Omdat het gevaarlijk is om zonder water naar boven te gaan, hebben wij echter ook een slang bij ons.

We gaan de woning binnen. Ik kijk naar boven via de trap. De vlammen hebben de trapleuning al bereikt en likken nu aan de muur. Het is niet zonder gevaar, maar Peter en ik drukken ons tegen de andere muur en klimmen langs de brand naar boven. Er klinkt een luid gekraak en het volgende moment schiet er een pijnscheut door mijn schouder. Instinctief trek ik mijn arm terug en kijk naar de brandende balk die me heeft geraakt en die nu een paar meter lager ligt. Mijn schouder voelt wat dof, maar ik heb genoeg adrenaline om de pijn vooralsnog te onderdrukken.

We bereiken de eerste verdieping. Peter probeert de heftigste vlammen te bedwingen, ik kijk ondertussen in de woonkamer. Het is maar goed dat er in de appartementen hierboven zeker niemand aanwezig is, want ik denk niet dat we tijd zouden hebben om alle etages af te gaan voordat de brand echt te gevaarlijk wordt.

Het vuur heeft de ruimte nog niet bereikt. De rook is hier niet dik en ik laat mijn blik door de kamer gaan. Een bewoner kan ik niet ontdekken, maar ik zie wel iets anders. Vanaf zijn kussen in de hoek van de kamer kijkt een doodsbange hond me aan. Het is een dik, zwart exemplaar dat er vervaarlijk uitziet, maar de blik in zijn ogen zegt zoveel als: haal me hier alsjeblieft uit. Dieren in het nauw kunnen rare dingen doen, maar vandaag heb ik er alle vertrouwen in dat dit beest me geen haar zal krenken.

Ik schat hem in: veertig, vijfenveertig kilo op z'n minst. Het wordt een klusje om hem naar beneden te krijgen, maar ik laat het beest hier natuurlijk niet levend verbranden. Ik pak hem bij zijn band en neem hem mee de gang op. Peter kijkt me aan. Ik maak duidelijk dat ik in de kamer alleen de hond heb gevonden, hij heeft in de andere vertrekken ook niemand aangetroffen.

Ik hijs de hond op mijn schouder en over de geblakerde trap, waar de brand inmiddels door mijn collega's is geblust, loop ik naar beneden. Daar heeft de bewoner van de eerste etage zich inmiddels gemeld. Kwispelend loopt de hond naar hem toe.

Nu de adrenaline uit mijn lichaam wegtrekt, voel ik een stekende pijn in mijn schouder.

'Wat is er?' vraagt Peter, die ziet dat ik wat met mijn arm trek.

'Ik weet het niet. Het doet zeer.'

'Komt vast door die balk.'

Ik moet even nadenken, maar dan herinner ik me het stuk hout. 'O ja, da's waar ook.'

'Misschien moet je het even laten checken.' Peter wijst naar de ambulance. Dat lijkt me wat overdreven, maar omdat Peter aandringt ga ik toch.

'Ik denk dat hij gekneusd is', zegt de ambulanceverpleegkundige even later. 'Als je wilt, kan ik je even naar het ziekenhuis brengen om een foto te laten maken.'

Zelf heb ik niet het gevoel dat er iets gebroken is, dus ik schud mijn hoofd. Ik doe vandaag wel even rustig aan.

NEEFJES

Jaco / Arnemuiden / maandagmiddag 17.29 uur

OP DE SCANNER IS het een drukte van belang. Ik ben nog niet zo lang thuis uit mijn werk. Het was een drukke dienst op de ambulance en ik zit even op de bank. Uit gewoonte heb ik de scanner aangezet om mee te luisteren met de 112-meldingen in de buurt. Het verkeer gaat over en weer en ik probeer te ontcijferen wat er aan de hand is.

Plotseling hoor ik een woord dat maakt dat mijn nekhaar overeind gaat staan. Nog voor ik goed en wel de tijd heb om na te denken, kom ik al overeind. Er is een kinderreanimatie gaande en het adres heb ik al voorbij horen komen. Het is in de straat hierachter. Ik kan niet op de bank blijven zitten. De ambulance doet er tien minuten over, ik twee.

Ik neem de auto en haast me naar de plaats van het incident. Op straat kom ik een kind tegen. 'Mijn broertje en mijn neefje zijn kwijt', zegt hij in paniek. 'Verderop hebben ze iemand uit het water gehaald.'

Snel rijd ik erheen, het is recht tegenover de kazerne. Op de dijk zijn twee agenten aan het reanimeren. Ik laat de auto staan en ren erheen. 'Kan ik helpen? Ik ben verpleegkundige.'

'Graag.' Ik neem mijn plek in en begin het jongetje hartmassage te geven, terwijl de agent beademt. Ik schat het kind een jaar of zes. Heel even schiet de gedachte aan mijn eigen zoontje door me heen. Hij is twee en ook dol op water.

Er komt een ambulance aan, meteen gevolgd door een tweede. Ik blijf hartmassage toepassen, ook als even later de traumahelikopter arriveert. Het jongetje krijgt een infuus, medicatie, nog meer medicatie. Vanuit mijn ooghoeken zie ik de vader aankomen.

De trauma-arts neemt uiteindelijk de beslissing. We stoppen. Ik heb geen tijd om erbij stil te staan. Ik ga nu naar de kazerne aan de overkant van het water en voeg me bij mijn collega's die de duikers assisteren. De bevelvoerder heeft triest nieuws: het vermiste jongetje is de vijfjarige zoon van onze collega. Dat nieuws slaat in als een bom, maar tegelijkertijd vermannen we ons. Er is nu geen tijd voor schrik en ongeloof, er is alleen maar tijd om te handelen.

De duikers uit Middelburg en Goes zijn er al. Met z'n allen gaan we aan de slag. De duikers kammen het kanaal uit. De kinderen zijn waarschijnlijk bij het spelen op een steiger in het water gevallen. Vanaf die steiger maken de duikers zoekslagen, steeds wijder, maar ze vinden niks. Het is ook lastig om te zoeken op deze plek. De bodem is ongelijk en er zijn veel putten. Bovendien kan het jongetje weggedreven zijn.

Het zoeken duurt lang. Te lang. Iedereen kent de regel van het gouden uur. Het uur waarin een drenkeling nog kans heeft. Het gouden uur verstrijkt, en de uren daarna ook. Langzaam wordt het donker, maar niemand denkt eraan om te stoppen. Onder water is het toch donker, zowel overdag als 's nachts. De duikers gaan door, meter voor meter kammen ze het kanaal uit. Als we het kindje niet meer kunnen redden, dan willen we hem in elk geval zo snel mogelijk teruggeven aan zijn familie.

Het wordt middernacht, het wordt één uur, twee uur. Om halfvier beslist de OvD dat we nu niet verdergaan. Iedereen is kapot. We gaan naar huis, proberen wat te slapen, en om halfacht staan we opnieuw op de kade. Meter voor meter wordt er verder gezocht. Zonder resultaat.

Pas de dag erop wordt het jongetje uit het water gehaald. Ik ben er niet bij, ik ben aan het werk.

De impact binnen het korps is groot. Niet alleen omdat het om het zoontje en het neefje van een collega gaat, ook omdat het een massale en heftige zoekactie is geweest. Zelf heb ik moeite met het beeld van het jongetje dat ik heb gereanimeerd. Het was een naar gezicht en ik krijg het maar niet van mijn netvlies. Als ik mijn ogen dichtdoe, zie ik het keer op keer opnieuw. Ik praat erover met collega's. Een van hen kent de ouders en weet dat het jongetje thuis is opgebaard. Hij stelt voor om samen naar hem toe te gaan. Daar moet ik over nadenken. Aan de ene kant wil ik graag af van het nare beeld in mijn hoofd, aan de andere kant moet je in dit werk altijd uitkijken dat je het niet te persoonlijk laat worden. Een inzet als deze maakt sowieso enorme indruk, maar wil ik binnenstappen in de thuissituatie, in het enorme verdriet van de ouders? En andersom: zitten zij er wel op te wachten dat een wildvreemde brandweerman naar hun kind komt kijken? Ik heb het erover met de ploeg en kom uiteindelijk tot de conclusie dat ik het wel wil. Dat het me zou kunnen helpen deze inzet, die maar door mijn hoofd blijft gaan, af te sluiten.

Mijn collega stelt het voor aan de ouders, zij vinden het prima. Samen gaan we erheen. Het jongetje ligt boven, op zijn kamer. Hij ziet er lief en mooi uit. Vredig.

Zijn ouders bedanken me voor wat ik voor hun zoontje heb gedaan. Ik vind het lastig. De vraag 'waarvoor' bekruipt me. Ik had dit zo graag anders willen zien. Tegelijkertijd weet ik dat het niet aan mij is om te beslissen over leven en dood. Bij moeilijke zaken als deze heb ik veel steun aan mijn geloof. Dat geldt voor veel mensen in ons dorp. Het helpt me bij het verwerken. Ik geloof niet dat God wil dat zulke erge dingen gebeuren, maar wel dat Hij je helpt om ermee om te gaan.

De hele week bid ik, voor de ouders, nabestaanden en betrokkenen. We gaan met de hele ploeg naar de begrafenis. Het is intens verdrietig en heftig, maar het maakt ons ook sterker. Als mensen, en als ploeg.

PARKIETEN

Wietze / Surhuisterveen / zondagmiddag 15.55 uur

Terwijl het buiten begint te schemeren, kijk ik naar de kerstboom. Mijn familie zit gezellig aan een wijntje, ik houd het bij frisdrank want ik heb dienst. Meestal is het rustig met kerst, maar je weet het natuurlijk nooit.

Ik heb het nog niet gedacht of de pieper gaat. Meteen kom ik overeind. Woningbrand, is de melding. Zo'n melding komt in dit gebied niet zo vaak voor, dus ik ben wat gespannen als ik in hoog tempo naar de kazerne fiets.

Als eerste kom ik aan, vrijwel meteen gevolgd door mijn collega's. Ik trek mijn pak aan en neem plaats op de plek van nummer één in de auto. De taken binnen de ploeg zijn strak verdeeld. De nummers één en twee gaan bij aankomst als eerste naar binnen en halen eventuele slachtoffers uit de woning. De nummers drie en vier gaan zich bezighouden met blussen.

Het vrijstaande huis staat iets buiten het dorp, een stukje van de weg af. Over een pad met overhangende bomen rijden we erheen. Zodra de auto stilstaat, stappen we uit. Mijn collega Ruud en ik gaan in looppas op het huis af. Waar we veel rook en vuur verwachten, is aan de buitenkant bijna niks te zien. Uit de ramen en zijdeur komt wel wat rook, maar daar blijft het dan ook bij.

Op een bankje voor het huis zitten een man en een vrouw – vader en dochter, vermoed ik. Aan de zwarte vegen op hun gezicht is te zien dat ze in de rook hebben gezeten. Hun neusgaten zijn zwart, wat betekent dat ze ook rook hebben ingeademd. Ze kijken ons wat suffig aan.

'Zijn er nog mensen binnen?', is mijn eerste vraag.

Het duurt een paar seconden, maar dan schudt de man zijn hoofd. Hij doet zijn mond open alsof hij antwoord wil geven, maar sluit hem dan weer.

'Waar brandt het?'

De man geeft geen antwoord, de vrouw staart ons nog steeds met grote ogen aan, alsof we van een andere planeet komen.

'Waar brandt het?' herhaal ik mijn vraag.

Ze weten het allebei niet en als ik vraag of het überhaupt nog brandt, krijg ik ook geen informatie. In de verte hoor ik de sirenes van de ambulance aankomen. Zij zullen deze mensen zo meteen opvangen, wij gaan ons maar op het huis concentreren.

We koppelen onze slangen aan en gaan naar binnen via de openstaande zijdeur. We komen terecht in een halletje. Er hangt wat rook, dus doe ik mijn ademluchtmasker op en zet koers naar de deur van de woonkamer. Nog voor ik daar ben, loop ik tegen een grote kooi aan. Het zicht door mijn masker is niet erg goed, maar ik zie hangende spiegeltjes en stokjes.

'Vogels', maak ik Ruud duidelijk. Ik voel aan de kooi en merk tot mijn genoegen dat er wieltjes onder zitten. Briljant idee, bedenk ik als ik de kooi naar de deur rol. Die vogels hebben we zo buiten.

Ruud en ik duwen tegen de kooi, maar die blijft steken in de deuropening. Ik probeer het nogmaals en nogmaals, maar de opening is echt te klein. Binnensmonds vloek ik. Ik tuur door mijn masker en zie dan op de bodem van de kooi iets groens liggen. Met veren. Geen idee of de beesten nog leven, maar ik laat ze in elk geval hier niet stikken. Snel open ik het deurtje, haal de grote parkieten eruit en met de twee vogels in mijn handen haast ik me naar buiten, waar ik de dieren aan hun eigenaars overhandig. Daarna hol ik weer naar binnen.

Met onze slangen in de aanslag openen Ruud en ik de deur naar de woonkamer. Bij het toelaten van extra zuurstof in een ruimte kan het vuur ineens hoog oplaaien, dus we zijn op onze hoede. Hier is meer rook, dus het is donker in de kamer. Voor de zekerheid blijven we laag bij de grond, maar ik zie geen vlammen. Ik pak mijn zaklamp en schijn door de kamer. In het licht van de lamp zie ik een rode gloed en ik schrik: gaat het nu toch in één keer branden? Het volgende moment realiseer ik me waar ik naar kijk: de scherven van een heleboel rode kerstballen, gesneuveld toen de boom omviel.

We maken een rondje door de kamer, maar er zijn geen vlammen. Het vuur is al gesmoord door zuurstofgebrek, dankzij de dichte deur. We zetten de ramen open om te ventileren. Door de hitte zijn de ramen binnen gesprongen, maar gelukkig geldt dat niet voor de beglazing aan de buitenkant. Was dat wel gebeurd, dan was er veel meer zuurstof bij de brand gekomen. Ik vrees dat we dan nu wel met de nodige vlammen geconfronteerd waren.

Langzaam trekt de dikke rook weg en dan is het niet zo moeilijk meer om te raden waar de brand is begonnen.

Ik stoot Ruud aan. 'Moet je kijken.'

Samen staren we naar wat er over is van de bank: vier pootjes en een frame van veren. Verder is de schade in de kamer aanzienlijk: de televisie is gesmolten, het deksel van het aquarium heeft het begeven onder de hitte en hangt nu gebogen in het water. De muren zijn zwart van de rook, net als de meubels.

We lopen naar buiten en vertellen wat we binnen hebben gezien. Inmiddels heeft het team van de ambulance zich over het tweetal op de bank ontfermd. Ze zijn een beetje bijgekomen van de schrik.

'Ja,' knikt de vrouw als ik vertel over de weggebrande bank, 'we zaten te roken. En toen zijn we in slaap gevallen.'

Ze zijn niet de eersten die dit overkomt, het is een bekende oorzaak van woningbrand. Gelukkig hebben ze, bewust of onbewust, heel slim gehandeld door de deur dicht te trekken. In mijn opleiding hebben we het hier nooit over gehad, maar ik besluit deze les mee te nemen. Brandpreventie kan ook nog tijdens een brand veel uitmaken.

We gaan onze spullen pakken. Als we opschieten, zijn we allemaal nog op tijd thuis voor het kerstdiner. Ik kijk om me heen en zie een volière. Op een stokje zitten twee grote parkieten wat verdwaasd voor zich uit te kijken.

LAPTOP

Marcel / Assen / donderdagochtend 8.51 uur

'Jongens, wat is het koud.' Blazend in zijn handen komt mijn collega Fred de kazerne binnen. Ik trek mijn duikpak aan, hij volgt mijn voorbeeld. Terwijl wij in het duikvoertuig stappen, rijdt de tankautospuit de kazerne al uit. Bij de melding 'auto te water' rukken we altijd groot uit.

'Weten we al meer?' vraag ik aan de duikploegleider als we richting de opgegeven weg gaan. Hij schudt zijn hoofd. Het enige wat de meldkamer heeft doorgegeven, is dat er een voertuig van de weg is geraakt en in het water terecht is gekomen. Over eventuele slachtoffers is nog niks bekend.

Net voordat we de opgegeven weg op rijden, komt er meer informatie vanuit de meldkamer. 'Er zat één persoon in de auto en die is erin geslaagd via het raam op het dak te klimmen. De politie heeft contact met hem.'

Ik voel opluchting. De realiteit is dat verdrinking een kwestie is van een paar minuten. Als duikers zijn we daarom meestal te laat.

'Met een beetje geluk hoef je niet met met je hoofd onder water', zegt Fred. 'Als er iemand op het dak kan zitten, staat die auto waarschijnlijk op de bodem. Hopelijk wordt het geen langdurige inzet.'

Ik knik. Als eerste duiker ben ik zo meteen degene die het water in gaat. Met deze temperatuur ben ik inderdaad blij als ik er snel weer uit kan.

De chauffeur zet de auto stil en Fred en ik stappen uit. Het is best een komisch gezicht: in een grote vijver naast de weg is alleen nog het dak van een auto te zien en daarbovenop zit een jonge man in kleermakerszit. Hij ziet er best opgewekt uit.

Ik maak me klaar en even later zwem ik naar de man toe. Ik schat hem halverwege de twintig en hij is goed aanspreekbaar.

'Ben je gewond?'

Hij schudt zijn hoofd. 'Nee, ik ben zelfs niet nat geworden. Maar ik ben wel een beetje geschrokken.'

'Dat kan ik me voorstellen. We gaan ons best doen om je hier zo snel mogelijk weg te halen.'

Hij knikt en pakt dan de zwarte tas die op zijn schoot ligt. 'Zou je dit voor mij naar de kant willen brengen? Het is mijn laptop.'

Ik frons. 'Maak je je daar nu druk over?'

'Ja, want ik heb net een nieuwe gekregen. De vorige was gejat en mijn baas vindt het vast niet leuk als ik nu weer een andere nodig heb.'

Ik haal mijn schouders op en knik. 'Oké, momentje.'

Met de tas boven mijn hoofd waad ik terug naar kant. Als ik rechtop sta, komt het water tot boven aan mijn borst. Ik wil voorkomen dat de man zelf naar de kant moet zwemmen of lopen, omdat het risico op onderkoeling aanwezig is.

'Dit is zijn laptop', zeg ik tegen de agent die de tas van me aanpakt. 'Die is nogal belangrijk voor hem, geloof ik.'

De man glimlacht even en belooft de tas in de auto te leggen. De ambulanceverpleegkundige overhandigt me intussen een isolatiedeken. Ik zwem terug, sla de aluminium deken om de man heen en ga dan weer naar de kant om over de aanpak te overleggen.

'Jan', zeg ik, als ik mijn collega van het duikteam uit Smilde zie staan. Omdat het nooit helemaal zeker is of er een compleet duikteam dicht genoeg bij de kazerne is, wordt voor de zekerheid altijd een tweede team opgeroepen. Daarom zijn onze collega's uit Smilde er vandaag ook. Met hun pakken aan staan ze op de kant toe te kijken. Jan is bijna twee meter en ik ben zelf ook niet een van de kleinsten. Als wij de man samen op onze schouders nemen, kunnen we hem boven het wateroppervlak houden en naar de kant brengen.

'Gaan we doen', zegt Jan, als ik mijn plan uit de doeken heb gedaan. 'Momentje.'

Hij doet zijn ademluchtflessen af. Ik heb hetzelfde gedaan. De man alleen is al zwaar genoeg.

Samen waden we terug naar de auto. Ik leg uit wat we van plan zijn, de man knikt een paar keer. Hij lijkt het wel een vermakelijke uitdaging te vinden. 'Dus jullie garanderen dat ik droog blijf?'

'Nou ja, garanderen...' Ik kijk naar de kant, waar zich inmiddels een grote groep mensen heeft verzameld. Nog los van het feit dat wij de man graag droog over brengen, willen we natuurlijk ook niet afgaan. 'We gaan ons best doen.'

De man doet zijn schoenen uit. Jan en ik gaan zo dicht mogelijk bij de auto staan en de man klimt op onze schouders. Kruislings houden Jan en ik zijn armen en benen vast en zo leggen we voetje voor voetje de vijftien meter naar de kant af. Echt makkelijk gaat het niet. We moeten precies naast elkaar lopen, in hetzelfde ritme, en dat op een ongelijke bodem. Eén keer wiebelen we vervaarlijk, maar gelukkig gaat het goed.

'Nu heb ik wel natte sokken', zegt de man grappend als wij hem op de kant zetten. 'En jullie hadden me nog zo beloofd dat ik droog zou blijven.'

Ik grijns en klim op de kant. Daarna geef ik hem een hand. Hij kijkt om zich heen. 'Waar is mijn laptop? Die is toch wel droog over gekomen?'

'Geen zorgen', zeg ik, wijzend naar de politieauto. 'Als je een paar droge sokken kunt vinden, kun je zo aan het werk.'

KASSEN

Peter / Kwintsheul / zaterdagavond 23.47 uur

HET IS RUSTIG VANAVOND op de meldkamer. Collega Piet en ik zijn een uurtje geleden begonnen aan de nachtdienst, de late ploeg heeft het niet druk gehad.

Er komt een telefoontje binnen. Piet neemt op, ik luister met een half oor mee.

'Ja, met Barry. Mijn maatje is bezig met de meterkast en nu heeft hij brand.'

'Wat vervelend', zegt Piet.

'Kunnen jullie komen?'

'Natuurlijk, maar waar is het?'

'Ik heb geen idee.'

Piet fronst even. 'Tja, als we niet weten waar het is, kunnen we er moeilijk naartoe.'

'Ja kijk, het probleem is: hij is elektromonteur en hij is afgegaan op een melding van een probleem met een schakelkast. Maar nu belde hij net en hij zei dat er brand is uitgebroken, alleen heeft hij niet gezegd waar hij is.'

'En je hebt hem niet meer aan de lijn, neem ik aan.'

'Nee, ik denk dat zijn telefoon is gevallen, want ik krijg geen contact meer.'

'Tja.' Piet kijkt even naar mij. 'Heb je een richting?'

'Hij is in het Westland.'

'O,' zegt Piet, 'dat komt goed uit, want daar komt mijn collega vandaan.'

'Ik herinner me nu ook weer dat hij een plaats heeft genoemd. Eh... Shit, wat was het nou? Iets met een K. Kie... Koo... Kwin-nogwat?'

'Kwintsheul', zeg ik.

Piet herhaalt het en de beller roept dat dat het is. Kwintsheul is niet zo'n grote plaats en ik ben er een beetje bekend, omdat ik er regelmatig doorheen fiets.

'We hebben daar een klant...' De beller moet even nadenken. 'Misschien is hij daar. Dat is op de hoek bij de voetbalvereniging.'

'Dat moet Quintus zijn', denk ik hardop. 'Er is maar één voetbalvereniging in Kwintsheul. En de enige hoek daar is eh... de Mariëndijk, denk ik.'

Piet voert het in in het systeem en stuurt één tankautospuit op pad. Met zo weinig informatie kunnen we niet veel anders. Pas als we weten waar het precies brandt, hoe groot het is en of er slachtoffers zijn, kunnen we verdere maatregelen gaan nemen. Als er al brand is, want de melding is behoorlijk vaag. Ik verwacht eigenlijk half dat we zo meteen van de collega's ter plekke doorkrijgen dat er niks aan de hand is.

De ploeg waar ik als vrijwilliger actief ben, wordt gealarmeerd en even later gaat er vanuit Wateringen een auto op pad. Via het systeem kan ik de bezetting zien. Bevelvoerder Wim zit voorin en ik praat hem bij over onze bevindingen en het telefoongesprek.

Op mijn scherm kan ik precies zien waar de auto rijdt. Ze moeten nog zeker een kilometer tot de plaats van het incident als ik via het systeem een spraakaanvraag van Wim krijg.

Ik roep hem op. '6830, over?'

'Nader bericht!' roept hij. 'Middelbrand!'

Ik kijk Piet aan. Van een heel vage melding naar middelbrand, dat is wel een heel grote stap. Wim en ik houden onderling van een grapje, maar hierover...

'Neem je me nou in de maling?' vraag ik een beetje vertwijfeld.

'Nee, middelbrand!' Hij klinkt serieus en bovendien zou hij een grapje op dit tijdstip niet zo lang volhouden.

'Oké, we gaan opschalen.'

Meteen wordt er nog een tankautospuit op pad gestuurd. Als Wim zich ter plaatse meldt, gaan we zelfs door naar 'grote brand'. Het hele kassencomplex staat in lichterlaaie. Inmiddels is het ook in de omgeving opgevallen, want er komen meerdere telefoontjes binnen. Op dit tijdstip wil dat veel zeggen.

Piet en ik sturen nog meer brandweervoertuigen en een OvD op pad. De politie was al ter plaatse, maar stuurt ook meer mankracht en er gaat een ambulance heen. We weten nog steeds niks over mogelijke slachtoffers, maar bij dit soort grootschalige inzetten moet er alleen al voor de hulpverleners een ambulance paraat staan.

Op de hele meldkamer wordt druk gewerkt voor deze brand. De afdeling RTIC (Real Time Intelligence Center) zoekt op welk bedrijf er op dit adres geregistreerd staat. Het duurt even, maar dan krijgen we door dat er niet alleen kassen zijn, maar dat er ook wat antieke auto's in staan. Van de OvD ter plekke begrijpen we dat de kassen in een U-vorm rondom een woonhuis zijn gebouwd. Het huis is nu dus aan drie kanten door vuur ingesloten. Gelukkig krijgen we het bericht dat de elektromonteur in kwestie op de hoek van de straat stond, dus hij zit in elk geval niet gevangen in de vlammen. Hij weet ook te vertellen dat er een probleem in de meterkast was. Er moet nog onderzoek worden gedaan, maar mogelijk kan de oorzaak van de brand daar worden gezocht. De kassen zijn waarschijnlijk niet meer te redden, maar ter plaatse wordt alles op alles gezet om in elk geval het huis te behouden.

De nacht vliegt voorbij. Af en toe kijk ik op de klok en dan is het weer een uur later.

Zelfs zo diep in de nacht zijn de zwarte rookpluimen te zien en vooral: te ruiken. Ze trekken over de stad, we krijgen allerlei verontruste telefoontjes vanuit Den Haag. Er worden voortdurend metingen gedaan. Als er gevaarlijke stoffen zijn vrijgekomen, moet er misschien grootschalig worden ontruimd. Olie, autobanden, de verpakkingsmaterialen en schermdoek – de kans dat er stoffen vrijkomen die niet zo best zijn voor de volksgezondheid, is niet denkbeeldig.

'Goedemorgen, jongens.'

Een beetje verbaasd kijk ik om als ik de stemmen van mijn collega's hoor, die ons komen aflossen. Daarna gaat mijn blik naar de klok. Halfzeven. Ik heb amper gemerkt dat de nacht voorbij is.

Piet en ik dragen over en daarna is het in principe tijd om naar huis te gaan. Maar na zo'n drukke nacht denk ik niet dat ik kan slapen.

'Laten we er anders even heen rijden', stelt Piet voor. Ik voel daar wel voor. Veel van mijn brandweer-collega's uit Wateringen zijn aanwezig en ik vind het ook goed om met eigen ogen te zien waar we de hele nacht mee bezig zijn geweest.

Ter plekke is het nog steeds een drukte van belang. Het vuur is onder controle, maar het rookt en smeult enorm en het nablussen zal nog een hele tijd duren. De schade is gigantisch, maar het woonhuis staat in elk geval recht overeind. Ik denk aan de melding waar het gisteravond mee begon en schud een beetje ongelovig mijn hoofd.

FRED

Marcel / Assen / maandagmiddag 16.15 uur

De sfeer op de kazerne is vandaag moeilijk te omschrijven. Er is verdriet, maar er wordt ook gelachen. Mensen delen gedachten en herinneringen, en zelf voel ik ook wel enige opluchting. Opluchting dat wat we hadden bedacht, vandaag goed is verlopen. Opluchting dat het erop zit. Opluchting dat we Fred niet teleurgesteld hebben.

Fred is dood. Het is een raar idee. Onwerkelijk, ook al was het geen verrassing. Tot twee keer toe werd hij ziek. Kanker. De eerste keer herstelde hij, weliswaar met een nier minder. De tweede keer was het echt mis. Vorige week overleed hij, pas drieënveertig jaar oud, echtgenoot, vader van twee kleine kinderen. Vandaag is hij gecremeerd.

Fred was jonger dan ik. We waren goede collega's. Vrienden misschien wel. Allebei hadden we een achtergrond bij defensie. Uit hetzelfde hout gesneden. Samen deden we de duikopleiding en werkten we in de uitruk, behalve als duiker ook als bevelvoerder. Hij was een goede brandweerman. Snel, maar ook bedachtzaam. Zich bewust van de risico's. Hij was kritisch op zichzelf en op anderen, altijd op zoek naar verbetering. Maar ook altijd in voor een geintje. Ook toen hij ziek was.

'Het is niet goed', zei hij. Dat moment is al een jaar of drie geleden, maar het staat me nog helder voor de geest. Het was op een avond op de kazerne, we zaten met de hele ploeg om de tafel om de dienstweek voor te bereiden.

'Ik moet verder voor controle. Kijken wat ze eraan kunnen doen.'

Hij was optimistisch, tegen beter weten in. Na de eerste keer kanker, een paar jaar daarvoor, waren de artsen duidelijk geweest: als het terugkomt, kunnen we niks. En nu was het terug.

Fred gaf niet zomaar op. Zijn vrouw en hij hadden net hun tweede kind gekregen. Hij hield van zijn gezin, zijn werk, het leven. Over afscheid nemen wilde hij niet horen, maar de realiteit haalde hem in. Hij werd vaker moe, liet uiteindelijk verstek gaan op oefenavonden, kon niet meer mee met uitrukken. Hij had pijn, slikte veel medicijnen. Hij maakte geintjes. 'Als ik ga, doe ik het boven. Dan mogen jullie me eruit halen met de hoogwerker.' Dan twinkelde toch weer de pret in zijn ogen. Soms waren er serieuzere gesprekken, maar niet te vaak. Hij noemde terloops dat hij wilde dat wij zijn uitvaart zouden regelen. Natuurlijk, beloofde ik hem, maar jij moet zeggen hoe. Het duurde lang voordat hij dat deed. Slechts een paar weken voor hij overleed en omdat ik erom vroeg. Zijn kop stak hij niet in het zand, maar hij gebruikte zijn weinige energie liever voor belangrijker zaken.

Om me heen worden herinneringen opgehaald. Mijn collega Linda grinnikt. 'Weet je nog die keer met Pasen? Die grote boerderijbrand?'

Ik knik. Dat was een grote inzet, die gelukkig goed verliep. Fred was die dag chauffeur.

'Ik was zo weggerend bij de familiebrunch, met m'n jurk aan. Op de hoogwerker zei ik tegen Marian dat de zoom in mijn nek zat. Hartstikke koud aan mijn billen.' Linda lacht. 'Hoor ik via de spreekverbinding: "Sexy, hoor." Fred zat mee te luisteren. Daar heeft hij nog heel lang grappen over gemaakt.'

Een andere collega, Jan, knikt. 'Dat vond hij vast fantástisch.' Hij spreekt het woord uit met veel nadruk, precies zoals Fred altijd deed als hij ergens van genoot. We lachen allemaal.

'En die brommer van hem', gaat Linda door. Iedereen weet meteen waar ze het over heeft. Fred had een Vespa waarmee hij er altijd in slaagde supersnel bij de kazerne te zijn. De Zwarte Pijl, noemde hij hem liefkozend. 'Zoals hij dan binnen kwam rennen, met zijn helm halverwege zijn hoofd.' Ze doet het voor met haar handen. 'Het was ook beter als hij op de brommer ging, want met de auto joeg hij mensen de stuipen op het lijf. Weet je nog toen hij had afgesneden over het fietspad omdat hij zo snel bij de kazerne wilde zijn? Die man met die hond schrok zich een hartaanval. Toen is hij later nog bloemen gaan brengen. Daar had hij trouwens ontzettend veel lol om.'

Kor, een van de manschappen, grinnikt. 'En toen met die pruik...' Hij vertelt hoe Fred op de kazerne een blonde pruik met lang haar had gevonden en op zijn hoofd had gezet. 'Lopen we beneden langs de balie, komt er net een bezoeker binnen. Zegt Fred die man met een stalen gezicht gedag. Wij lagen in een deuk, maar hij liep gewoon door.' Kor lacht bij de herinnering. 'Dat vond-ie wel mooi. Of die keer dat we met het schuimblusvoertuig met prio2 onderweg waren, maar er ineens een prio1-melding doorheen kwam. Ik reed, maar mocht nog geen prio1 doen, dus zijn we snel van plek gewisseld, op naar Norg. Zet Fred onderweg de auto stil omdat-ie moest plassen. Zo balen dat ik toen geen telefoon met camera bij me had.' Hij grinnikt. 'Fred was daar geloof ik juist wel blij om.'

Kor wordt serieus. 'Toch kon je niet alleen met hem geinen. Hij was een van de eersten buiten mijn familie die ik over mijn scheiding vertelde. Ik weet niet waarom, maar we zaten samen een paar uur in de auto en ineens had ik hem dat verteld.' Hij kijkt nadenkend. 'Hij gaf me gewoon het gevoel dat dat kon. Hij reageerde ook heel goed.'

Mijn gedachten gaan weer naar het gesprek dat Fred en ik hadden over zijn uitvaart. Hij zou het mooi vinden als zes collega's de kist zouden dragen, maar niet op de schouders. Als voertuig wilde hij de Iveco, een rode laadauto van de kazerne. Fred bewaarde goede herinneringen aan de oefeningen die hij ermee had gedaan. Collega-chauffeur Geert moest achter het stuur. Toen ik zei dat ik het nou niet meteen de mooiste auto vond, grapte hij dat we hem dan maar vol ballonnen moesten stoppen.

Dat laatste hebben we niet gedaan. Ik heb erover getwijfeld, maar een auto vol ballonnen op een uitvaart... Het voelde niet goed. Dus bedachten we een constructie met een zwart doek met een rode brandslang als bies. Twee dagen geleden hebben we nog geoefend met de auto. De uitvaartondernemer had speciaal een kist naar de kazerne gebracht. We legden onze oefenpop erin vanwege het gewicht. Ranzige Randy, zoals wij 'm noemen. Ik kon Freds schaterlach bijna horen.

'Ik ben blij dat ik vandaag de kist mocht dragen', zegt Jan. 'Het voelt voor mij alsof ik daarmee mijn respect voor zijn leven heb getoond.'

Kor, die ook een van de dragers was, knikt. 'Dat vond ik ook. Het was fijn om iets concreets te hebben. Soms voelt het zo machteloos dat je niks kunt doen.'

Dat gevoel ken ik. Misschien dat ik daarom de hele week in touw ben geweest voor de uitvaart. En ik niet alleen, de hele ploeg stond paraat, want zo werkt dat bij de brandweer. Ik vind het mooi dat ik niemand heb hoeven vragen, iedereen meldde zich. Uit zichzelf. Elke dag was er contact, en geregel. 's Nachts werd ik vaak wakker om 'niet vergeten'-aantekeningen op een briefje te krabbelen en ik weet van collega's dat hun hetzelfde gebeurde. Het vervoer van Fred naar de kerk en daarna naar het crematorium, het halen en brengen van de familie met brandweerauto's, het dragen van de kist, de erehaag bij het verlaten van de kerk. Het moest goed gaan. Voor Fred, nog één keer.

Iemand heft het glas, we volgen allemaal dat voorbeeld. In gedachten hoor ik Freds kenmerkende lach. Op de kazerne is het stil.

DAK

Gerard / rijksweg A20 / maandagochtend 9.07 uur

'Mooie auto', merk ik op als we onze brandweerwagen op de vluchtstrook parkeren. Voor ons staat een spiksplinternieuwe Mercedes van de verkeerspolitie. Ik had al wat over die nieuwe politieauto's gehoord. Ze zitten vol snufjes en de agenten zijn er behoorlijk verguld mee. Om de wagens te leren kennen moeten ze proefrijden zonder dat ze inzetbaar zijn, maar het tweetal dat vandaag op een kop-staartbotsing op de A20 is gestuit, is natuurlijk toch even gestopt.

Het is geen ernstig ongeval. Een kleine Mazda is met niet al te veel snelheid op z'n voorganger, een blauwe Ford, geklapt. De bestuurder van de Mazda staat achter de vangrail, die van de Ford zit op de achterbank van de politieauto. Een ambulanceverpleegkundige zit op z'n hurken met de man te praten. Als wij eraan komen, staat hij net op.

'Hij heeft pijn in zijn nek en in zijn rug', zegt de verpleegkundige. We begrijpen dat de man zelf uit zijn auto is gestapt, nog even op de vluchtstrook heeft gestaan en toen, omdat hij pijn had, door de politie in de auto is gezet. Maar nu hebben we een probleem, want iemand met deze klachten moet op een speciale manier uit de auto worden gehaald. Hiervoor hebben we de zogenaamde 'methode Kusters', die inhoudt dat er een hulpverlener achter het slachtoffer moet zitten en het hoofd moet vasthouden tot het ambulancepersoneel de nekspalk heeft omgedaan. Daarna moet het slachtoffer op een wervelplank* uit de auto worden gehaald.

'Daarvoor moet alleen wel het dak eraf', zeg ik met een blik richting de gloednieuwe Mercedes. Doodzonde natuurlijk, de auto is straks klaar voor de schroot met nog geen vijftig kilometer op de teller.

'Maar die man is zo ingestapt', antwoordt een van de twee agenten. 'Hij liep zelf over de vluchtstrook.'

Ik knik spijtig. De methode Kusters is geen keuze maar een verplichting vanuit ons protocol. 'Ik begrijp het, maar het dak moet er toch echt af.'

De agent knikt langzaam. Hij kent het protocol, maar blij is hij natuurlijk niet. 'Tja, als dat echt moet...'

Ik zie de man op de achterbank gewoon praten met de ambulanceverpleegkundige en ergens bekruipt ook mij het gevoel dat het opofferen van een peperdure auto met allerlei apparatuur aan boord misschien wel overdreven is, maar we kunnen het financiële belang natuurlijk niet boven dat van de patiënt stellen. Bovendien zegt het feit dat de man bij kennis is en zit te praten niks over de ernst van zijn verwondingen. Ik kwam ooit bij een zwaargewonde man die na een ongeval zo bekneld was komen te zitten, dat wij de auto om hem heen weg moesten knippen. Terwijl ik bezig was, vroeg hij doodleuk of ik de radio wat zachter wilde zetten, want anders liep de accu leeg. Dat de meest zwaargewonde slachtoffers een uiterste kalme indruk kunnen maken, heb ik toen wel geleerd.

We gaan aan de slag. Ik zie de agenten met tranen in de ogen toekijken. Ze begrijpen het, maar het doet toch een beetje pijn.

FACULTEIT

Peter / Delft / dinsdagochtend 10.02 uur

'Het is op het terrein van de TU Delft.' Terwijl ik mijn pak aantrek, praat Arthur, de adviseur gevaarlijke stoffen*, ons via de telefoon bij. We staan naast het WVD-voertuig* in de kazerne en gaan zo op weg naar Delft. Er woedt brand, is het enige wat we weten. Mogelijk zijn er gevaarlijke stoffen vrijgekomen en ik ben lid van de meetploeg, dus ik ben opgeroepen.

We stappen in de auto en nog geen tien minuten later zijn we in Delft. Onderweg hebben we de dikke, zwarte rookpluimen al gezien. Ter plekke ziet het rood van de brandweervoertuigen. Ik stap uit, kijk omhoog en begrijp waarom er vanuit de hele omgeving korpsen zijn uitgerukt. De bovenste vier etages van het pand staan volledig in brand. De vlammen slaan eruit en de rook is hier nog veel zwarter dan we onderweg al zagen. Er komt meteen een OvD naar ons toe, die ons bijpraat.

'De oorzaak is nog niet bekend, maar mogelijk gaat het om kortsluiting. Het gebouw is van de faculteit bouwkunde. Voor zover bekend zijn er geen gevaarlijke stoffen in het pand aanwezig.'

Bij dergelijke grote branden is het meesturen van een meetploeg standaard, of er nou wel of geen gevaarlijke stoffen in het brandende pand of de omgeving aanwezig zijn. In de enorme zwarte rook zitten immers al genoeg stoffen die niet goed zijn voor de volksgezondheid. Het is aan ons om te meten of de waardes niet zo gevaarlijk hoog zijn dat de omgeving gewaarschuwd of zelfs ontruimd moet worden.

Snel halen we onze spullen uit de auto. Op verschillende plekken rond het pand nemen we luchtmonsters. Op de parkeerplaats staat een mobiel laboratorium van het RIVM, waar de monsters gecontroleerd worden. De eerste metingen wijzen uit dat de omgeving niet ontruimd hoeft te worden, maar we moeten monsters blijven nemen totdat het vuur is geblust. Hoe langer de brand duurt, hoe meer stoffen er immers vrijkomen.

Na een tijdje kijk ik op mijn horloge. Het is halfeen en ik moet om halfdrie beginnen op de meldkamer. Terug naar huis, omkleden – over een halfuurtje moet ik wel gaan.

'Niks daarvan', zegt Arthur als ik aangeef dat ik er zo vandoor moet. 'Ik heb je hier nodig.'

'Dan moet iemand mijn dienst op de meldkamer overnemen.'

'Regel ik. Jij blijft hier.'

Vijf minuten later laat Arthur me weten dat er tot zeven uur een vervanger op de meldkamer is. Ik steek mijn duim op en ga verder met de metingen, die me de rest van de middag in beslag nemen.

Om stipt zeven uur kom ik aan op mijn werk, waar ik de dienst afmaak. Als ik achter mijn meldtafel zit, voel ik de dag die achter me ligt in mijn lijf. De hele dag in touw, de adrenaline die bij zo'n grote inzet komt kijken en dan ook nog mijn gewone werk – tegen het einde van mijn dienst ben ik behoorlijk moe.

Maar rust zit er nog niet in, blijkt als rond tien uur 's avonds de commandant aan de telefoon hangt. 'Ik heb jou ingedeeld op de tankautospuit voor vannacht. Nabluswerkzaamheden.'

Ik aarzel. 'Ik was er eigenlijk om tien uur vanochtend al en ik heb nu late dienst...'

'Dat begrijp ik, maar er is niemand anders. Elf uur op de kazerne, red je dat?'

Het wordt iets later, maar tegen halftwaalf stap ik in de tankautospuit. Voor de tweede keer die dag vertrek ik naar Delft, waar het vuur inmiddels is gedoofd. Wel komt er nog steeds rook van de smeulende resten van het faculteitsgebouw.

Met enige moeite stap ik uit de auto. We rollen de slangen uit en ik denk maar niet aan het bed waar ik normaal gesproken nu in had gelegen. Mijn collega sluit de slangen aan en dan gaan we van start.

Het is vier uur in de ochtend als we doorkrijgen dat we worden afgelost. Op de terugweg kost het me moeite om niet in slaap te vallen.

SCHILDERIJTJE

Saskia / Utrecht / dinsdagmiddag 15.30 uur

'Kom verder.'
De medewerker van het museum schuift de zware deur open en gaat me voor de bunker in. Ik werp een blik op de dikke wanden, anderhalf uur brandwerend omdat er cultureel erfgoed achter schuilgaat, en loop achter de man aan.

Zojuist heb ik het publieke gedeelte van het Catharijneconvent gecontroleerd op de brandveiligheid, nu is het gedeelte aan de beurt dat niet toegankelijk is voor publiek. Hier is onder andere een aantal zeer oude werken opgeborgen, afkomstig uit de vroege middeleeuwen. Omdat de werken kwetsbaar zijn, worden ze in het donker bewaard. Behalve de medewerkers van het museum komt hier nooit iemand en ik vind het best bijzonder dat ik de schilderijen met eigen ogen kan zien.

'Ik heb net thuis verbouwd en ik zoek nog een leuk schilderijtje', zeg ik voor de grap.

De man van het museum, die zich heeft voorgesteld als Pieter, trekt een verrijdbare wand tevoorschijn. Hij wijst op drie schilderijtjes waarop de kruisiging van Jezus wordt uitgebeeld. Het is ongetwijfeld waardevol, maar mijn smaak is het niet.

'Is dit niks voor jou? Zo'n drieluikje?'

'Mwah, ik weet niet of dit in mijn interieur past', antwoord ik lachend. 'Is het oud?'

'Uit de vroege middeleeuwen. Ik vrees dat er weinig van over is als je het één dag in je woonkamer hangt.'

Ik knik. 'Ik vrees ook dat mijn budget het niet toelaat.'

'Het is zes miljoen waard.'

'Dat bedoel ik.' Ik bekijk de schilderijtjes nog eens goed en schud dan grinnikend mijn hoofd. 'Ik zoek nog wel even verder.'

LICHAAM

Gea / Koekange / dinsdagavond 23.36 uur

'Zet de ademlucht maar op.' De agent die ons opvangt voor de deur van een portiekflat in een rustige buurt, kijkt alsof hij weleens betere avonden heeft gehad.

'Is het zo erg?' vraag ik, terwijl we de maskers uit de auto halen.

Hij knikt. 'Hij ligt er al zeker een week, misschien langer.'

Wij zetten onze maskers op. Dat we vanavond op weg gingen voor niet zo'n fris klusje, hadden we al van de meldkamer begrepen. In de flat waar we nu voor staan is het lichaam van een man gevonden. De reden dat wij er zijn is tweeledig: ten eerste moet de man via het dakraam naar buiten worden getakeld, ten tweede is het bijna niet te doen om het huis zonder ademlucht te betreden. De man ligt er al een tijdje en bovendien is het de afgelopen tijd warm geweest.

Ik zet mijn masker op en loop voor mijn collega's uit naar binnen. In gedachten bereid ik me voor. Het zal geen prettig gezicht zijn. Voor mijn gevoel hoef ik nooit een drempel over in dit werk, ook niet bij ernstig verbrande slachtoffers, ook niet bij ernstige auto-ongevallen. Maar dat betekent niet dat het niet heftig is wat je soms te zien krijgt. Mijn inmiddels overleden collega Nico zei het altijd zo mooi: elk ernstig incident is een wond. Die wond heelt uiteindelijk weer, maar het blijft een litteken, dat af en toe jeukt.

Ik kan me nog genoeg ernstige incidenten herinneren. Natuurlijk denk ik daar niet dagelijks aan, maar zo nu en dan komen ze in me op. Aan de andere kant doe ik het werk graag, hoe ernstig of heftig een incident ook is. Want iets kunnen betekenen voor andere mensen is veel waard. Ook vanavond. Deze man uit zijn huis halen is het laatste wat we voor hem kunnen betekenen, en daarom doen we het.

We gaan de woning binnen en lopen door naar de slaapkamer. De man ligt in bed. Het is inderdaad geen fijn gezicht. Voorzichtig gaan we aan de slag en enige tijd later ligt de man in een lijkzak op de brancard. Ondertussen hebben de twee jongens beneden de hoogwerker in gereedheid gebracht en zonder problemen takelen we de brancard naar buiten. De slaapkamer laten we voor wat die is. Het is aan de politie om onderzoek te doen en zich daarna over het huis te ontfermen.

Even later staan we weer buiten. Er is net een busje van de uitvaartondernemer gearriveerd. Met vereende krachten tillen we de lijkzak in de kist en schuiven die daarna in de auto. Dan is het tijd om de spullen op te ruimen. Ik kijk vluchtig op mijn horloge. Al met al zijn we ruim tweeënhalf uur in touw geweest.

Op de kazerne is het licht nog aan. De ploegleden die vanavond waren opgekomen maar te laat waren om mee te gaan, zijn gebleven. Ook al is het midden in de nacht, ze hebben op ons gewacht.

'Dan kunnen jullie even je verhaal kwijt', verklaren ze, alsof het de normaalste zaak van de wereld is dat zij hun nachtrust opofferen voor ons. Dat is het niet, dat realiseer ik me ook wel. We pakken koffie en gaan aan tafel zitten. Ik denk nog even aan de opmerking van Nico. Als vanavond een nieuwe wond is, dan helpt de aanwezigheid van de hele ploeg in elk geval enorm bij de genezing.

NEERGESTORT

Jaco / Arnemuiden / zondagochtend 10.15 uur

ZONDAGOCHTEND, DUS WE ZITTEN in de kerk. Het is mooi weer en de ramen staan open. Na de psalmen en het gebed is de dominee net aan zijn preek begonnen. Plotseling gaan er verspreid door de kerk piepers af. Snel druk ik de mijne uit. In een paar stappen sta ik buiten, gevolgd door drie collega's. We trekken een sprintje en zijn binnen twee minuten op de kazerne.

We zijn opgeroepen voor een hooibrand. Het is niet de eerste keer deze week dat we naar de brandende balen moeten. Het is maaiseizoen en warm weer, en die combinatie leidt tot smeulend en brandend hooi. Niks ernstigs, maar de balen moeten uit elkaar worden getrokken en dat is een tijdrovend klusje. Het is gezellig. We praten bij en met dit weer is het geen straf om in het zonnetje te werken.

Aan het begin van de middag zit de klus erop. Het hooi ligt verspreid over het veld, zodat het kan drogen en niet meer broeit. We rijden terug naar de kazerne, eten en drinken wat en gaan dan op huis aan. Mijn collega Leo en ik lopen een stukje samen op.

'Nog plannen voor vandaag?' vraagt hij.

Ik haal mijn schouders op. 'Niet echt. Misschien straks nog even...'

Ik word onderbroken door het geluid van de pieper. Ook die van Leo gaat af. Gelijktijdig keren we om. *Ongeval vliegveld*, is de melding. Op de nabijgelegen A58 horen we een ambulance aankomen.

Als de wiedeweerga keren we om en rennen terug naar de kazerne. Binnen een mum van tijd zitten we weer in de auto, iedereen was nog in de buurt. De meldkamer komt door met meer informatie: het gaat om een zweefvliegtuigje dat is neergestort in een bietenveld, de twee slachtoffers zijn een leerling en zijn instructeur.

Het is een apart gezicht, het vliegtuigje midden in het veld met suikerbieten. We stoppen aan de rand van het veld en lopen naar het gecrashte toestel. Ik zie twee mannen zitten, zwaargewond. Ze zitten niet bekneld. De kunststof kap is al van het toestel en een ambulanceverpleegkundige is de voorste man, de leerling, aan het helpen. Ondertussen landt ook de traumahelikopter in het weiland.

Samen met het medisch team halen we de gewonden uit het wrak. Johan, een ambulanceverpleegkundige die ik ken, komt naar me toe. 'Wil jij mee? Ik kan wel wat hulp gebruiken onderweg.'

Ik knik en even later zit ik aan het hoofdeinde van de brancard. Met loeiende sirenes gaan we met de leerling op weg naar het ziekenhuis in Rotterdam. De man is nog altijd buiten bewustzijn, een wond op zijn hoofd bloedt hevig. Ik hoop dat hij het redt, maar het ziet er niet goed uit.

Op de spoedeisende hulp laten we hem achter. In de ambulance rijden we terug naar Arnemuiden.

'Bedankt voor je hulp', zegt Johan als ik voor de kazerne uitstap.
'Laat je het weten als je iets hoort?'
Hij belooft het.
Later die avond komt het nieuws. De man heeft het niet gered.

SABEL

Marcel / Utrecht / vrijdagochtend 5.31 uur

Ik word wakker van de pieper. Meteen zit ik rechtop en luister naar het bericht op de pager.

'Prio 2', laat Gerard, de centralist, weten. 'Rook in een slaapkamer.'

Ondanks het feit dat het geen prio 1 is, hoor ik aan Gerards stem dat het om een serieuze melding gaat. Een voorbijganger heeft in een flat rook gezien en daarna 112 gebeld. We weten niet of er mensen in de flat aanwezig zijn, en hoeveel. Terwijl ik snel mijn schoenen aantrek en me naar de kazerne haast, merk ik dat ik hier geen goed gevoel over heb. Ik kan er de vinger niet op leggen waar dat vandaan komt, maar puur op basis van mijn onderbuikgevoel besluit ik op te schalen naar prio 1.

Op de kazerne staat de auto klaar. Iedereen neemt z'n plek in en we gaan op weg met zwaailicht en sirene. Eén collega woont in de straat van de melding en is rechtstreeks naar de plek gegaan. Hoe sneller de bewoners gealarmeerd worden, hoe beter het immers is.

Ik heb dan wel jarenlang ervaring bij de brandweer, bevelvoerder ben ik pas een maand. Deze melding is mijn eerste serieuze. Onderweg bereid ik me voor. Ik moet zo meteen eerst een snelle inschatting van de situatie maken en daarna mijn ploeg zo goed mogelijk aansturen. Voor de zekerheid vraag ik alvast om een ladderwagen*. Het gaat immers om een flat en als we mensen moeten evacueren, hebben we niet de tijd om dan nog eens op het redvoertuig* te wachten.

We rijden de straat in. Van honderd meter afstand hebben we al zicht op de portiekflat. Omdat het nog donker is, zijn de vlammen in de slaapkamer te zien. Ze zijn niet groot, maar af en toe zie ik een flits voor het raam. Meteen schaal ik op naar 'middelbrand'. Mijn inschatting om van prio 2 direct toch prio 1 te maken was dus juist.

Op straat is het stil. Het is te vroeg voor een oploop van buren, en de bewoners van de flat zijn blijkbaar nog steeds binnen.

'De aanvalsploeg vanaf de ladderwagen gaat via het balkon', instrueer ik als we ter plekke zijn. Gelukkig rijdt de ladderwagen net de straat in. 'De waterploeg gaat via het portiek.'

De mannen gaan meteen aan de slag. De collega die al vooruit was gegaan, is ook bij de voordeur, begrijp ik. Maar hoe hij ook staat te bonzen, er wordt niet opengedaan.

Zelf haast ik me via het portiek ook naar de voordeur. Als er niemand opendoet, zullen we de deur moeten forceren. Mijn collega's zijn daar al mee begonnen, zie ik als ik de hoek om kom. Net op dat moment wordt de voordeur van binnenuit opengetrokken.

Even denk ik dat ik het niet goed heb gezien. In de deuropening staat een man in zijn pyjama met in zijn hand een enorme sabel. Het zwaard is zeker een meter lang. De man heft zijn arm en voordat ik iets kan zeggen, slaat hij in op een van de mannen uit mijn ploeg.

'Hé!' roep ik. Het volgende moment realiseert de man zich dat degene die hij heeft aangezien voor een inbreker, in werkelijkheid een brandweerman is. Hij schrikt net zo erg als wij.

'Shit', zegt hij. 'Ik...'

'Meneer, er is brand in een van de slaapkamers van uw huis', leg ik hem snel uit. Er is nu geen tijd voor andere dingen. De aanvalsploeg, inclusief Bart, de geslagen collega, gaat snel het huis binnen. Via het balkon is inmiddels ook de waterploeg binnengekomen.

'Kom even mee', zeg ik tegen de hevig geschrokken bewoner, die het zwaard op de grond heeft laten vallen. Ook zijn vrouw heeft zich inmiddels bij hem gevoegd. Ik neem hen mee naar beneden, naar buiten. Inmiddels is ook de ambulance aangekomen, net als de politie. De bewoners kunnen nauwelijks bevatten wat er gebeurt.

'Dat is de slaapkamer van onze zoon!'

Slechts een paar minuten later wordt de zoon door vier brandweermannen naar buiten gedragen. Ik schat hem begin twintig. Hij is zwaar verbrand, te zwaar om hem te kunnen optillen, en daarom ligt hij nog op zijn matras. De ambulancebemanning plaatst hem over op de brancard en dan verdwijnt de man in de auto, zijn geëmotioneerde ouders voegen zich bij hem. Ik loop naar Bart.

'Gaat het?'

Hij knikt. Zijn arm doet weliswaar pijn, maar hij heeft geen zichtbare wond.

'We rijden straks wel even langs de eerste hulp', beslis ik. Ik wil geen enkel risico nemen.

'Je moet aangifte doen', adviseert een agent.

We concentreren ons eerst maar even op het nablussen van de slaapkamer. Pas als we onze inzet hebben afgerond, stappen we weer in de auto. Met z'n allen rijden we naar het ziekenhuis, waar gelukkig blijkt dat Bart alleen een flinke en pijnlijke bult op zijn arm heeft. Geen wond, geen breuk, en met een weekje of twee is er waarschijnlijk niks meer van te zien.

'Je kunt aangifte doen', zeg ik als we weer in de auto zitten. 'Hij heeft je bedreigd.'

Bart denkt na, maar schudt zijn hoofd. Ook de rest van het team voelt er weinig voor om het voorval bij de politie te melden. Ik sluit me daarbij aan. Natuurlijk is het niet goed wat de man heeft gedaan, maar de actie was niet specifiek tegen ons gericht. Toen hij zich realiseerde dat de brandweer voor de deur stond, was de bedreiging meteen weg. En omdat ook de verwonding meevalt, denk ik dat iedereen het voorval zo snel mogelijk achter zich wil laten.

'Hij is zelf al genoeg slachtoffer van de hele situatie', zegt Bart. De rest knikt. Het beeld van de zwaar verbrande zoon op het matras staat ons allemaal nog helder voor de geest.

FLAT

Gerard / Rotterdam / vrijdagmiddag 17.20 uur

WE GAAN OP WEG voor een autobrand op het Churchillplein. Niks bijzonders, denk ik, als we de kazerne verlaten. Alleen jammer dat het eten bijna klaar was.

De chauffeur zet de auto stil op het bewuste plein. We stappen uit en kijken om ons heen.

'Nou, het kan aan mij liggen', zegt mijn collega Gert. 'Maar ik zie hier geen brand.'

Ik begrijp ook niet waarvoor we gekomen zijn. Het is rustig op het plein en met de paar auto's die er staan is niks mis.

'Holy shit.' Mijn collega Jan heeft blijkbaar wel iets ontdekt, want er klinkt alarm door in zijn stem. 'Moet je daar kijken.'

Hij heeft zijn hoofd in zijn nek gelegd en houdt zijn hand boven zijn ogen als bescherming tegen de laagstaande zon. Ik volg zijn blik en dan zie ik het ook: de vlammen slaan uit de Leuveflat, een hoge kantoorflat in het centrum van de stad. Erboven hangen enorme zwarte rookwolken.

We weten niet hoe snel we weer in de auto moeten stappen. Twee bochten later springen we er opnieuw uit. We zijn de eerste auto ter plaatse, al horen we aan de sirenes dat er meer voertuigen in de buurt zijn.

Voor de deur is een aansluitpunt, waardoor we voldoende bluswater aangevoerd krijgen. Volgens de voorschriften hebben gebouwen hoger dan twintig meter in het trappenhuis afnamepunten, waar wij onze slangen op aan kunnen sluiten. Dan hoeven we niet vanaf beneden langs al die verdiepingen slangen uit te rollen. Er wordt een kist met slangen en verdeelstukken uit de auto gehaald, waarmee twee jongens van de ploeg zo naar boven zullen gaan. Mijn collega Willem en ik hebben een andere taak: wij gaan mensen zoeken.

Van omstanders begrijpen we dat het gebouw inmiddels waarschijnlijk wel leeg is. Dat is goed nieuws, al kunnen wij alleen op onze eigen waarneming vertrouwen. Net als we via het trappenhuis naar boven willen rennen, komt er een man aan.

'Mijn moeder is nog boven! Samen met nog een schoonmaakster.'
'Waar zijn ze dan?'
'Op de elfde verdieping, volgens mij.'

Ik kijk langs de flat omhoog. De brand bevindt zich ergens in het midden, de vijfde of zesde etage, schat ik. 'We gaan zoeken.'

Samen met collega Willem ren ik naar boven. Het zicht is nog goed, al begint er hier en daar wel rook door te sijpelen. We doen voor de zekerheid toch maar de ademsbescherming op.

Op de elfde, en bovenste, etage lijkt weinig aan de hand. Van het brandgeweld een aantal verdiepingen lager is hier niet zoveel te merken. De verdieping is verlaten en we hollen de trap af om een etage lager te gaan zoeken. Ook daar is echter niemand te vinden. In hoog tempo zoeken we alle verdiepingen af. De verdieping van de brand slaan we vooralsnog over, daar is het zonder slang nu te gevaarlijk.

Ineens hoor ik achter me een luide knal, gevolgd door iets wat nog het meest op een windvlaag lijkt. Automatisch buk ik. Als ik omkijk zie ik de deur uit de sponningen liggen en een steekvlam die Willem en mij op een haar na heeft gemist.

Geluk gehad, denk ik, terwijl ik verder de trap af dender. Onderweg komen we de waterploeg tegen, die met een kist vol slangen op weg is naar boven.

Willem en ik zoeken verder op de lagere verdiepingen, maar hier zijn ook geen mensen meer. Eenmaal buiten moeten we even op adem komen. Elf verdiepingen naar boven en naar beneden, dat is niet niks. Het kost ons een paar minuten om ons te herpakken.

'Ga maar helpen met blussen', zegt de bevelvoerder. 'Alle handjes zijn nu welkom.'

Willem en ik haasten ons de trap weer op. Op de vijfde verdieping is het zwart van de rook. We nemen onze posities in en beginnen te blussen. Ik werp een blik uit het raam. Er dwarrelen witte vlokjes voorbij. Net of het sneeuwt, maar het is juli. Waarschijnlijk zijn het de resten van de weggesmolten aluminium lamellen.

Beneden is het een drukte van belang, zie ik nu. Er is opgeschaald naar 'zeer grote brand' en dat betekent dat uit de wijde omgeving hulpdiensten deze kant op komen. Er arriveren nog steeds brandweerauto's, de blusboot is er, ik tel zeker zes ambulances en ook de politie is met heel wat wagens aanwezig.

Na een tijdje lopen Willem en ik weer naar beneden. Blussen is zwaar werk en de regels schrijven voor dat je zo nu en dan even moet rusten. Er is een arts aanwezig. Hij bepaalt dat Willem even beneden moet blijven. Ik kan na een minuut of vijf wel weer door, maar in mijn eentje mag ik niet naar binnen.

'Jij vormt een team met Piet.' De bevelvoerder wijst naar een brandweerman van een andere kazerne. 'En jullie moeten weer naar boven, want die mensen blijven volhouden dat er nog twee vrouwen in het pand zijn. Dus ga maar met een slijptol op elke verdieping de nooddeuren opensnijden.'

Ik moet even slikken. De brand is verre van onder controle en om dan op de verdiepingen erboven aan de slag te gaan...

'We hebben het pand doorzocht', breng ik voorzichtig in. 'Er was niemand.'

De bevelvoerder haalt kort zijn schouders op. 'Ze moeten echt binnen zitten, volgens die man.'

Ook al weet ik zeker dat ik de vrouwen niet heb gezien, bij enige twijfel moeten we toch terug naar binnen. Ik knik en verman me. 'Oké, aan de slag.'

Piet en ik rennen de noodtrap aan de buitenzijde van het pand op, voorbij de verdieping van de brand, en beginnen op de bovenste etage met slijpen. De stalen nooddeuren met brandvertraging kunnen alleen van binnenuit worden opengemaakt. Openslijpen is hoogst ongebruikelijk, maar als er toch twijfel is of er mensen in het pand zitten, kunnen we geen risico's lopen.

We werken van boven naar beneden, maar vinden niemand. Boven het gebouw cirkelt een helikopter, maar ook op het dak zijn de vrouwen niet te zien. We durven nu toch te concluderen dat ze het pand al hebben verlaten.

Pas uren later stappen we weer in de brandweerauto. De brand is onder controle, maar er zal nog dagenlang nageblust moeten worden. Voor ons is het nu even klaar. We zijn kapot. Ik verlang naar het eten dat we vanavond hebben gemist en een paar uur slaap.

Eenmaal op de kazerne trekken de afgelopen uren in gedachten nog eens aan me voorbij. Zonder de *heat of the moment* kijk ik ernaar met iets meer realiteitszin. De uitslaande brand, de steekvlam toen we net langsliepen, het slijpen op de verdiepingen boven de brand. Er komen scenario's in me op waar ik maar beter niet te veel over na kan denken. Als, als, als. Het is goed gegaan, denk ik tevreden, als ik eindelijk ga slapen. Morgen zal ik wel spierpijn hebben.

BERGING

Frans / Eindhoven / vrijdagmiddag 17.09 uur

Brand in een berging, is de melding waarvoor we op weg gaan. Niks om zenuwachtig van te worden: voor een bergingbrandje rukken we een paar keer per week uit. We zitten wat te praten en binnen een paar minuten komen we aan bij het adres dat we hebben doorgekregen: een rijtjeshuis net buiten het centrum van de stad. We parkeren de tankautospuit zo dicht mogelijk bij de achteromgang. Terwijl de manschappen de slangen uitrollen, loop ik vast vooruit. Ik kan nog net langs de brandende schuur de poort door, samen met een politieagent. De agent gaat het huis binnen, ik richt me op het schuurtje. Ik probeer de deur te openen, maar dat lukt niet. De brandwachten komen met de slangen en gaan blussen via het kapotte raam.

De agent komt weer naar buiten. 'Niemand thuis', zegt hij.

Mijn collega's breken de deur open. Twee man gaan naar binnen en steken vrijwel meteen hun hoofd weer naar buiten. 'Er zit nog iemand in!'

Ik schrik me te pletter. Dat had ik niet verwacht.

'En nog iemand!'

Meteen daarna brengen ze de twee slachtoffers naar buiten.

Kinderen zijn het. Tieners. Ik schat ze twaalf en veertien. Ze hebben brandwonden en meteen gaan we koelen. Via de meldkamer brandweer roep ik twee ambulances op, de agent laat extra politiemensen komen. Binnen een mum van tijd klinken de sirenes.

Terwijl de zorg voor de kinderen wordt overgenomen, gaan wij verder met blussen. Het vuur hebben we snel uit. Tussen de verkoolde resten van de inhoud van de berging zie ik een brommer zonder wielen en wat zwart geworden gereedschap. Ik weet niet precies wat er misging, maar hier zou weleens de oorzaak van de brand in kunnen schuilen.

Gelukkig ziet het er voor de kinderen niet zo slecht uit. Ze gaan mee naar het ziekenhuis, maar zijn niet in levensgevaar. Toch staan we allemaal nog steeds met bonkend hart door deze onverwachte wending. Zo zie je maar, denk ik als we terugrijden naar de kazerne. Standaardmeldingen bestaan in dit vak eigenlijk niet. Het loopt vaak anders dan je denkt.

MARIEKE EN MARIJKE

Wietze / Surhuizum / donderdagnacht 0.37 uur

'Het gaat om een aanrijding tussen twee auto's. In een van de twee voertuigen zitten twee personen bekneld.'
Terwijl we onze pakken aantrekken, praat de bevelvoerder ons bij. Dat ik drie minuten geleden nog lag te slapen, merk ik nauwelijks. De adrenaline die het geluid van de pieper met zich meebrengt, heeft z'n werk gedaan.

De taken binnen de ploeg zijn altijd duidelijk verdeeld en ik ben vannacht de gewondenverzorger. Dat betekent dat ik zo meteen zo goed en zo kwaad als het gaat, moet proberen in het gecrashte voertuig te komen, om eerste hulp te verlenen zolang de twee personen bekneld zitten en het ambulancepersoneel er nog niet bij kan. Twee van mijn collega's zullen zich intussen bezighouden met het knip- en zaagwerk dat nodig is om de slachtoffers te bevrijden, de vierde persoon uit de ploeg is verantwoordelijk voor de algemene veiligheid van het voertuig, de omgeving en de collega's.

We zijn de eerste auto ter plaatse. Direct achter ons stopt een politiewagen en in de verte hoor ik de sirene van de ambulance ook aankomen. Een van de twee betrokken auto's staat schuin over de weg. De zijkant zit flink in elkaar en het asfalt is bezaaid met glas, maar de bestuurder staat ongedeerd naast zijn voertuig. Twee agenten ontfermen zich over hem.

De andere wagen is in de berm beland en hangt met de voorkant boven een sloot. Veel water zit daar niet in, maar we hebben toch liever niet dat de auto straks vooroverzakt. Onze eerste taak is dus het zekeren van het voertuig. Snel leggen we kabels rond de auto en maken die vast aan een stevige boom. Daarna probeer ik de achterklep, die gelukkig meteen openspringt. Het is een driedeurs, dus achterlangs is de enige manier om op de achterbank te komen. Het autootje is niet groot en zelf ben ik niet een van de kleinsten, dus het kost me enige moeite om naar binnen te klimmen, maar uiteindelijk zit ik dan op de achterbank, mijn helm klem tegen het plafond.

De twee jonge vrouwen zitten met hun benen beknerd, maar zijn goed aanspreekbaar.

'Ik ben Wietze', stel ik me voor.

'Marieke', zegt een van de twee.

'Marijke', zegt de ander.

'Ook toevallig.' Terwijl ik met ze praat, probeer ik te bepalen wie van de twee er het slechtst aan toe is. Ik ga voor degene op de passagiersstoel, die het meest beknerd zit en het minst praat. Ik ben nu alweer vergeten of ze Marieke of Marijke heet.

'Oké Marieke,' gok ik, 'ik ga je nek vasthouden om te zorgen dat die stabiel blijft.'

'Ik ben Marijke.'

'Sorry. Blijf in elk geval zoveel mogelijk gewoon vooruitkijken. Dat geldt ook voor jou, Marijke.'

'Marieke', antwoordt de bestuurster.

'Jemig, weer mis.' Ik grinnik een beetje beschaamd, de twee vrouwen vinden het wel lollig. Ik ben met zoveel dingen tegelijk bezig – de twee slachtoffers, de stabiliteit van de auto, de jongens buiten die begonnen zijn met zagen – dat de twee namen maar niet willen blijven hangen.

'Ik ga jullie vertellen wat er gaat gebeuren', zeg ik. 'Mijn collega's gaan nu aan de slag om de auto open te zagen. Ze gaan het dak eraf halen en de portieren moeten er ook uit.'

'Daar gaat mijn auto', zegt de bestuurster.

'Ik vrees het ook. Wat is er eigenlijk gebeurd?'

'Ik weet het niet precies', zegt degene die ik vastheb. Weer ben ik haar naam kwijt. Marijke, geloof ik. 'We waren uit geweest en we gingen naar huis. Ik herinner me alleen nog dat we over deze weg reden en ineens stond de auto hier.'

'Reden we op een voorrangsweg?' vraagt haar vriendin.

Ik knik. Waarschijnlijk heeft het tweetal geen voorrang gekregen van de andere bestuurder en is de auto door de klap gaan spinnen. Hij staat in elk geval aan de andere kant van de weg in de berm.

Er klink een schurend geluid door de auto. 'De jongens gaan nu aan de slag met de ruit', leg ik uit. 'Dat geeft wat lawaai. Niet schrikken, zo meteen gaan ze aan de deur knippen.'

Terwijl ik praat gaat mijn blik naar links. Degene voor mij geeft nog antwoord als ik wat zeg, maar de bestuurster wordt stiller en stiller.

'Marijke', zeg ik. 'Gaat het nog?'

'Ja, het gaat', antwoordt degene op de passagiersstoel.

'Eh, ik bedoel Marieke.' Ik houd mijn blik op de bestuurster gericht, maar er komt geen reactie. 'Marieke?' probeer ik opnieuw. 'Wel bij blijven, hè?'

Het zal toch niet... Heb ik nu toch de verkeerde vastgepakt? Ik probeer een stukje te verschuiven, maar zit al behoorlijk klem. Mijn hoofd naar voren buigen lukt ook niet, omdat mijn helm in de weg zit.

'Marieke?' Vriendin Marijke klinkt wat paniekerig. Ze probeert te bewegen en haar hoofd te draaien, maar ik houd haar tegen.

'Blijf maar naar voren kijken', zeg ik kalm. 'Dat is beter voor je nek.'

'Maar mijn vriendin...'

'Komt goed', zeg ik geruststellend, hoewel ik dat zelf betwijfel.
'Marieke? Hoor je mij?'
Ik kijk naar het slachtoffer, dat haar hoofd wat naar voren gebogen heeft. Daardoor kan ik niet zien of haar ogen open zijn. Het zal me toch niet gebeuren dat ik hier zit en zij ertussenuit knijpt, denk ik zenuwachtig.
'Marieke, wakker blijven', zeg ik, harder. Net als ik denk dat ik het andere slachtoffer maar moet loslaten en over de krappe achterbank moet opschuiven, komt er reactie.
'Hè?' vraagt de vrouw wat verbaasd. Ze richt haar hoofd op.
'Wat is er?'
Opgelucht haal ik adem. Dan zie ik ook waarom ze haar hoofd gebogen had. In haar handen ontdek ik het oplichtende schermpje van een telefoon. 'Wil je alsjeblieft dat ding wegdoen? Ik schrik me kapot.'
'Ik hoorde je niet', zegt Marieke als ik vertel dat ik haar een aantal keer heb geroepen. 'Dat kwam door die zaag.'
'Wat was je aan het doen?'
'Even mijn moeder appen.'
'Houd je hoofd nou maar recht naar voren, net als Marieke. Eh... Marijke.'
Even later wordt het dak van de auto gelicht. Ambulancepersoneel doet de vrouwen allebei een nekkraag om en dan worden ze zo recht mogelijk uit de auto gehaald. Stevig gefixeerd op een wervelplank gaan ze de ambulances in.
Ik klim uit de auto. Nu de slachtoffers bevrijd zijn, zit ons werk erop. Het opruimen van het autowrak laten we over aan het bergingsbedrijf. Gezamenlijk pakken we het gereedschap in en om iets over halftwee stappen we weer in de auto.
'Hoe waren ze eraan toe?' vraagt een van mijn collega's als we over de verlaten wegen terugrijden naar de kazerne.
'Geschrokken. Maar ze redden het wel, denk ik. Hoewel ik nog even dacht dat ik een van de twee kwijtraakte...' Ik vertel het verhaal

van de telefoon. Mijn collega's grinniken. Ze begrijpen mijn schrik: je hebt niet altijd meteen door dat een slachtoffer zwaargewond is. Soms kletsen mensen eerst nog tegen je aan, om dan toch ineens weg te zakken.

Een paar weken later. Het is oefenavond en we zijn met de hele ploeg op de kazerne als de bel gaat. Mijn collega doet open, er staan twee jonge vrouwen voor de deur. Ze leggen uit wie ze zijn en mijn collega laat ze binnen. Ik herken het tweetal eerst niet, maar als ze hun namen noemen weet ik het weer.

'Ik ben Marieke', zegt de een. 'Dit is mijn vriendin Marijke. We willen jullie graag bedanken.'

Dat is natuurlijk helemaal niet nodig, maar ik vind het wel erg leuk. Contact met slachtoffers hebben wij eigenlijk nooit.

De vrouwen vertellen hoe fijn ze het vonden dat de sfeer ondanks de hele situatie zo rustig was, en ook dat ze verbaasd waren dat de auto zo snel open was geknipt. Zelf hebben ze gelukkig niks aan het ongeluk overgehouden, de auto was total loss.

'Maar nu willen we natuurlijk wel graag weten wie die brandweerman was die op de achterbank zat', zegt Marijke.

'Je bedoelt die ene die jullie namen niet kon onthouden?' Ik steek grinnikend mijn hand op. 'Dat was ik.'

VANGRAIL

Anka / rijksweg A7 / zaterdagnacht 3.09 uur

NIET VOOR HET EERST zijn we op weg naar wat inmiddels een beruchte bocht in de A7 is. Ik rijd er zelf ook weleens en begrijp niet waarom het zo vaak misgaat in deze flauwe bocht, maar ook vannacht is er weer een auto van de weg geschoten en in het naastgelegen water terechtgekomen. Ik vrees het ergste. De keren dat ik als duiker bij zulke ongevallen ben geweest, waren we helaas te laat.

Ik ben vannacht chauffeur op het duikvoertuig en zet de auto stil op de inmiddels afgesloten snelweg. Ik zie Hans staan, een collega van het korps. Hij was vanavond op stap in Groningen en zag onderweg naar huis iets vreemds op de snelweg. Toen hij stopte ontdekte hij tot zijn verbijstering aan de overkant van de weg twee kleine kinderen achter de vangrail. Gelukkig was het rustig en kon Hans de weg oversteken, de kinderen optillen en terug naar zijn auto lopen. Daar zette hij ze op de achterbank en belde de meldkamer, omdat hij aan de overkant van de weg nog iets had gezien: twee achterlichten in de sloot.

Het duikvoertuig is niet het enige opgeroepen voertuig, ook de tankautospuit, twee ambulances en een aantal politieauto's zijn ter plekke. We haasten ons naar de auto in de sloot, de eerste duiker gaat het water in.

'De auto is leeg', meldt de duiker al snel. Hij komt weer naar de kant. De auto moet nog uit het water, maar dat is van later zorg. Eerst moet de bestuurder worden gevonden.

'De kinderen zijn in shock', hoor ik een agent zeggen als ik me bij de collega's van de tankautospuit voeg, die aan de rand van de snelweg overleg voeren met de politie. 'Zij kunnen niks zeggen. Maar als de auto leeg is, moet de bestuurder eruit geslingerd zijn.'

De zaklampen gaan aan en nauwgezet wordt het gras tussen de snelweg en de sloot afgezocht, maar zonder resultaat. Er wordt wel een dode hond gevonden.

Na een uur is het deel van de berm waar het slachtoffer realistisch gezien kan liggen, uitgekamd. Ondertussen is er ook een politieauto gestuurd naar het adres dat aan het kenteken is gekoppeld, maar daar werd niet opengedaan.

De vraag is: wat nu? De bestuurder moet ergens zijn, maar op de kant kunnen we hem of haar niet vinden en zomaar onder water gaan zoeken heeft geen zin. Daarvoor is het zoekgebied te groot.

Opeens ontstaat er opwinding aan de andere kant van de snelweg, zo'n vijftig meter terug. Ik volg mijn collega's naar de plek waar politieagenten blijkbaar iets hebben gezien.

'Er ligt daar iemand op de snelweg', weet een agent die ons tegemoetkomt te vertellen. 'Waarschijnlijk de bestuurster van de auto.'

Even later zie ik de vrouw op het asfalt. Ze is – waarschijnlijk toen ze de weg wilde oversteken om ergens hulp te gaan halen nadat ze met haar auto in het water was beland – aangereden door iemand die zich daarna blijkbaar uit de voeten heeft gemaakt.

Ik loop naar de ambulances die even verderop staan. De verpleegkundigen hebben zich over de kleintjes ontfermd. Ik werp een blik in de auto. Een jongetje en een meisje, ik schat ze vijf en zeven. Ik wil niet eens denken aan wat zij hebben gezien. Hun witte gezichtjes zeggen genoeg.

KUIL

Wietze / Harkema / dinsdagavond 19.00 uur

Ik sta in de schuur te klussen als de pieper gaat. Na een blik op mijn horloge knik ik wat gelaten. Proefalarm. Het tijdstip klopt precies.

Twee seconden later grijp ik opnieuw de pieper. Het tijdstip mag dan kloppen, het proefalarm is nooit op dinsdag. Snel luister ik de melding af. Woningbrand, prio 1. Nog geen tien seconden later zit ik op de fiets.

'De bewoners van het huis zijn mogelijk op vakantie', krijgen we door als ik nog drie minuten later achter in de brandweerauto zit. 'De buren hebben een rooklucht waargenomen en maken zich zorgen.'

Ik kijk uit het raam als we de hoofdstraat van het dorp binnenrijden. Het is winter en donker op dit tijdstip. Bij de meeste huizen zijn de gordijnen gesloten. De brandweerauto maakt een bocht en dan nog een en dan staan we stil. Snel stappen we uit. We staan voor een kleine, vrijstaande woning waar geen licht brandt. Een scherpe rooklucht dringt mijn neus binnen.

Er hebben zich wat mensen verzameld. 'Sy binne net thûs', zegt een man in het Fries tegen onze bevelvoerder. De bewoners zijn er niet. 'Maar het lijkt erop alsof het huis in de fik staat.'

Het vreemde is wel dat ik geen vlammen zie. Omdat ik samen met mijn collega Sjoerd de aanvalsploeg vorm, lopen wij als eerste naar het huis toe. De rooklucht wordt erger en ik zie ondanks het donker ook zwarte pluimen, maar vlammen zijn er niet waar te nemen.

Vlak voor het huis blijven Sjoerd en ik staan. 'Het lijkt wel alsof de rook bij het huis hierachter vandaan komt', zeg ik, wijzend. 'Het is in elk geval niet dit huis.'

Sjoerd knikt. We lopen om de woning heen, maar er zit een sloot tussen de twee huizen en bovendien hebben ze allebei een schutting. 'Laten we maar even omlopen', zeg ik.

We gaan terug en vertellen de bevelvoerder wat we hebben gezien. 'We willen eigenlijk eerst even omlopen', zeg ik. 'Eerst kijken of het daadwerkelijk daar is voordat we de auto omkeren.'

'Goed idee', knikt hij en Sjoerd en ik gaan op pad. We lopen de hoofdstraat in en schatten waar de rook vandaan komt.

'Hier, volgens mij.' Sjoerd wijst naar een oprit. Ik knik.

Met de woning lijkt niet zoveel aan de hand, de rook lijkt meer uit de tuin te komen. 'Laten we eerst maar eens aan de achterkant kijken', zeg ik, terwijl ik meteen de daad bij het woord voeg. Sjoerd volgt me op de voet.

Naast het huis staat een grote coniferenhaag. Ik tast naar mijn zaklamp, maar die kan ik niet vinden. Sjoerd schijnt bij. De heg bestaat uit twee stukken en precies in het midden is een opening. Mooi, denk ik en ik stap erdoorheen.

In de achtertuin is het aardedonker. Recht vooruit zie ik niks, maar als ik omhoogkijk, krijg ik de rookpluim weer in het vizier. Ik zet koers in die richting, maar na twee stappen voel ik ineens geen grond meer onder mijn voeten.

O nee, denk ik in de split second waarin ik nog probeer terug te stappen, een vijver... Ik worstel om mijn evenwicht te hervinden, maar dat is niet zo makkelijk met een brandweerpak aan en zware ademluchtflessen op je rug. Het volgende moment sla ik instinctief mijn handen voor mijn gezicht, verwachtend dat ik in het water terechtkom.

Maar er is geen water. Met een plof land ik boven op een tuinstoel, mijn been komt terecht op een tafel. Shit, denk ik half kreunend, een zitkuil...

'Gaat het?' hoor ik boven me.

'Hm-hm', kan ik nog net uitbrengen, terwijl ik probeer mezelf te herpakken. Langzaam kom ik overeind en probeer mijn ledematen. Alles doet pijn, maar ik kan ze nog bewegen.

'Niks gebroken', stel ik vast.

'Ik probeerde je nog te pakken', zegt Sjoerd als ik uit de kuil omhoogklauter. 'Maar ik greep mis.'

'Joh.'

We komen bij een tweede rij coniferen en ik laat Sjoerd voorgaan, met de zaklamp. Hij stuit op een man die ons licht beschaamd aankijkt. In zijn hand heeft hij een gieter, voor hem op de grond staat een omgekeerd olievat, waarin een niet te definiëren berg ligt na te smeulen. Her en der laait nog een vlammetje op.

'Goejûn', zegt Sjoerd in het Fries. 'Goedenavond.'

De man groet terug. 'Ik geloof dat jullie voor niks zijn gekomen.'

Even later voegt de politie zich bij ons. Ze maken een proces-verbaal op. Dat je wat afval verbrandt, oké, maar de kunststof en grote stukken dakleer die deze man in de ton had gestopt, zijn wat al te gortig. De dikke rook die daarvanaf komt, is ronduit ongezond voor buurtbewoners. Al dacht de man dat niemand het 's avonds zou merken als hij even wat zou verbranden, de rook is tot in de wijde omtrek te ruiken.

'Zeg Wietze,' zegt Sjoerd, als we even later weer richting onze auto lopen, 'kijk je wel uit voor de zitkuil?'

Ik lach, al gaat het nog niet helemaal van harte. Dit moet ik vast nog lang horen.

OPGESLOTEN

Gerard / Rotterdam / zondagochtend 8.58 uur

'De kinderen zitten opgesloten op een van de kamers.'
Ik kijk mijn collega verbijsterd aan, terwijl ik ondertussen verder hol richting de voordeur. 'Wát?'
'Opgesloten.'
Ik neem de informatie op, maar heb nu geen tijd om die echt te laten doordringen. Boven het appartementencomplex in het centrum waar we net met de gereedschapswagen zijn aangekomen, hangt een grote rookpluim. Achter een van de ramen op de bovenverdieping zie ik vlammen. De ouders staan op straat en we hebben begrepen dat er nog twee kleine kinderen binnen zitten. Blijkbaar achter een afgesloten deur.
De bovenverdieping staat vol rook. De vlammen zijn hier geblust, maar de rook is nog lang niet opgetrokken. Alle deuren op de overloop staan open, behalve die ene.
'Hij gaat niet open', maakt de collega die al boven was ons duidelijk. Ik hoor gegil. De rook is zo dik en zwart, het is niet mogelijk daarin lang te overleven. Ik wil niet denken aan hoelang we hebben. Het zal een kwestie van minuten zijn en de deur is onze enige kans. De vlammen verhinderen ons om via het raam naar binnen te gaan.

Het gegil en geschreeuw gaat door merg en been. Met z'n drieën rammen we tegen de deur, schoppen, trekken. We proberen het met allerlei gereedschap, maar het slot zit potdicht en de tijd tikt weg. Ik vloek achter mijn masker en gooi nogmaals mijn hele gewicht tegen de deur, maar er komt gewoon geen beweging in.

Het geschreeuw wordt minder. Bij mijn collega's zie ik de enorme frustratie die ik zelf ook voel. We zetten alles op alles. Er klinkt nu helemaal geen geluid meer van achter de deur, maar we gaan door.

We zijn te laat. Als we slechts een paar minuten later de deur open hebben, zie ik de kinderen liggen. Twee collega's blussen de vlammen, ik kniel neer bij het tweetal. Ik schat ze negen en vijf. Tegen beter weten in controleer ik of ze nog leven. Ik voel geen hartslag, maar toch, voor die ene kleine kans... We brengen ze naar beneden, de ambulance in. De verpleegkundige kijkt snel, maar schudt zijn hoofd.

Met mijn collega's loop ik door de ravage op de bovenverdieping. De vlammen zijn nu overal gedoofd. Beneden staan de wanhopige ouders van de kinderen. Wat ik heb gehoord, is dat ze het tweetal hebben opgesloten omdat ze zelf wilden uitslapen.

'Moet je kijken.' Een van mijn collega's bukt en raapt iets van de grond in de kinderkamer. Het is een luciferdoosje. Met z'n tweeën staren we ernaar. Mijn collega schudt zijn hoofd. 'Ze dachten waarschijnlijk dat het speelgoed was.'

UITBOUW

Davy / Barneveld / donderdagmiddag 17.19 uur

Als we aankomen bij de verbouwde boerderij in het buitengebied, slaan de vlammen er al aan alle kanten uit. Omdat er is opgeschaald naar 'middelbrand', is ook het naburige korps er. Ter plaatse is het nogal hectisch, maar gelukkig is er een OvD die de leiding neemt.

'Willen jullie via de aanbouw naar binnen om te blussen?' vraagt hij aan onze bevelvoerder. We zetten onze ademluchtmaskers op en gaan aan de slag. Via de deur van de glazen serre gaan we het huis binnen. We bereiken de woonkamer, maar kunnen niet verder. Het vuur is gigantisch en blussen lukt bijna niet. Ik voel iemand op mijn schouder kloppen, een collega. Hij wijst boven me. Ik kijk omhoog en zie het plafond boven mij ook al in de fik staan. Snel zet ik een paar stappen achteruit.

Er zijn problemen met de waterwinning. Een goed waterpunt is er niet en we hebben niet genoeg bluswater. We trekken ons terug naar de serre, die nog niet door de vlammen bereikt is. Ik kijk om me heen. De uitbouw is helemaal van glas en de combinatie glas en vuur pakt niet altijd even goed uit.

'We gaan naar buiten', maakt de bevelvoerder op dat moment duidelijk. De vlammen rukken in hoog tempo op. Voor de deur wachten we tot onze collega's de waterwinning hebben kunnen opbouwen. Langzaamaan loopt de uitbouw vol met rook. De meubels waar we net nog naast stonden, zijn nu al niet meer te zien.

'Jongens, we gaan hier weg', zegt de bevelvoerder met een bezorgd gezicht. We lopen weg bij de ruiten en gaan op de oprit staan. Dan klinkt er een enorme knal, een zee van vuur rolt de serre binnen, de ruiten knallen eruit. Twee minuten later hebben we weer bluswater. We lopen terug naar de serre. Het glas knerpt onder onze schoenen, de meubels zijn allemaal zwart. We kijken elkaar vluchtig aan. Gelukkig heeft de bevelvoerder dit goed ingeschat.

FLESSEN

Saskia / Utrecht / woensdagmiddag 13.30 uur

'Hier moet het zijn.' Ik houd stil voor wat waarschijnlijk een toegangspaadje naar een voordeur is, al is de doorgang bijna niet meer te zien. Feitelijk is het één grote klimopstruik, met een heel kleine opening.

Het zou me niet moeten verbazen dat de toegang naar het huis er zo uitziet, want het is natuurlijk niet voor niks dat de GG en GD onze hulp heeft ingeschakeld. De bewoner van het huis dat door de klimop aan het zicht wordt onttrokken, is een zogenaamde 'hoarder'. Ik ken de term voornamelijk van allerlei televisieprogramma's en het enige wat ik weet, is dat de man die hier woont moeite heeft met spullen weggooien. Bij de GG en GD is hij al langer bekend en er is van alles geprobeerd om hem te helpen, maar niks heeft geholpen. Ondertussen is de situatie in de woning waarschijnlijk ook te brandonveilig geworden en daarom word ik nu meegevraagd om dit te bekijken.

We zijn met z'n drieën. Samen met Wilma van de GG en GD en Henk, bouwinspecteur bij de gemeente, baan ik me een weg door de klimopstruik. We moeten even zoeken, maar uiteindelijk staan we dan voor de voordeur.

Een bel is er niet, dus klop ik aan. Er gebeurt niks. We wachten even, ik klop opnieuw en na een tijdje klinkt er wat gestommel. De deur gaat een heel klein stukje open.

'Hallo meneer?' zeg ik.

Er verschijnt een hoofd. Ik schat de man een jaar of veertig. 'Ja?'

'Ik ben van de brandweer. Mogen we even binnenkomen?'

'Nee, nee.' De man schudt zijn hoofd. 'Dat kan niet.'

Zijn reactie verbaast me niet. Ik had niet verwacht dat hij ons juichend op zou wachten. Maar we moeten toch naar binnen.

Ik frons en kijk de man aan. 'We willen toch wel erg graag even met u praten.'

'Dat kan niet.' Hij trekt een beetje aan de deur. 'Ik krijg de deur niet verder open.'

Aha. Ik knik. Ik had het kunnen weten. Gelukkig staat de man blijkbaar niet onwelwillend tegenover ons bezoek. Ik was een beetje bang dat hij agressief zou reageren of de deur meteen weer dicht zou gooien. Omdat we weten dat hij onvoorspelbaar kan zijn, is er voor de zekerheid politie in de buurt. Om de hoek van de straat, uit het zicht van de man zelf en de buren, staat een auto te wachten.

'Gaat het echt niet?' vraag ik. 'Ook niet als u er wat harder aan trekt?'

Het kost de nodige moeite, maar dan weet de man de deur toch nog wat verder open te krijgen. Hij moet eerst zelf de trap op, anders is er geen plaats voor ons om binnen te komen. Henk gaat als eerste, ik wurm me achter hem aan. Ik kijk rond in het kleine gangetje en begrijp nu wat Wilma bedoelde toen ze zei dat de situatie behoorlijk problematisch is. Vrijwel elke millimeter van de vloer is bedekt met spullen. Vanuit het halletje is er gelijk een trap omhoog naar de woning van de man op de eerste etage. De onderste treden van de trap liggen vol met kranten, folders en post en zijn niet begaanbaar. Daarom staat er een ladder tegen de muur gewurmd, die je kunt gebruiken om op een stapel folders van anderhalve meter hoog te klimmen en van daaruit kun je op de trap komen.

'Goed, laten we maar even naar boven gaan', zeg ik, waarna ik Henk volg. Via de ladder en de wiebelige stapel folders, de meeste nog in het cellofaan, klim ik de trap op. Achter mij wringt Wilma zich ook naar binnen.

De trap zelf is ook een belevenis. Aan de linkerkant liggen hoge stapels verdroogde klimop. Blijkbaar vindt de man het zonde die weg te gooien. Tussen de dode planten en de muur is ongeveer een halve meter ruimte om naar boven te klimmen.

Mijn oog valt op een rij sapflessen, op elke traptrede één. De flessen zijn dichtgeschroefd en bevatten allemaal een gelige vloeistof. Ik frons, kijk er nog eens goed naar en dan bekruipt me een vreemd gevoel.

Snel draai ik me om naar Wilma. 'Dit is toch niet wat ik denk dat het is, hè?'

Ze knikt. 'Jawel.'

Ik gruwel een beetje. Blijkbaar is ook de deur naar het toilet niet meer bereikbaar. 'Niet omstoten dan maar, hè.'

Uiteindelijk komen we boven, waar van de woonkamer amper iets te zien is. Overal staan stapels: kranten, boeken, dozen. Eén raam is nog zichtbaar. Van Wilma heb ik al begrepen dat de man meestal via de dakgoot zijn huis binnengaat, omdat het via de deur bijna niet te doen is. Gek genoeg is het wel schoon binnen. Het is een enorme zooi, maar het stinkt er niet en ik zie ook geen opgestapelde vuilniszakken.

'Tja, meneer', begin ik dan mijn praatje. 'Het probleem is dat uw huis op dit moment erg brandonveilig is. Als er nu iets gebeurt, bent u met geen mogelijkheid te redden. De medewerkers van ambulance, politie en brandweer kunnen dan niet naar binnen.' Ik leg ook uit dat het risico op brand met al die spullen best wel groot is en dat vooral de stapels papier een grote belasting voor de vloer vormen. De man hoort me aan en knikt een beetje.

Plotseling schrikt hij op en als door een wesp gestoken vliegt hij naar voren. 'Nee!'

Ik frons en zie dat hij zorgvuldig een paar oude doosjes terugzet, die Henk net met zijn voet opzij heeft geschoven. Blijkbaar luistert het allemaal erg nauw.

'Ik wil u adviseren om in ieder geval nu alvast een paar rookmelders op te hangen', zeg ik dan. 'Mocht er brand uitbreken, dan wordt u op tijd gewaarschuwd.'

De man belooft het min of meer, maar ik heb niet het idee dat hij van plan is om meteen actie te ondernemen. Uiteindelijk banen we ons weer een weg naar beneden en even later wurmen we onszelf opnieuw de voordeur uit.

'En nu?' vraag ik aan Wilma, als we richting onze auto's lopen. 'Wat gaat er nu verder met die man gebeuren?'

Ze haalt haar schouders op. 'Hij krijgt de tijd om zelf iets aan deze situatie te doen, maar als er niks verandert, halen we het huis leeg. Dit kan niet langer zo.'

Terug op kantoor wijd ik me aan het schrijven van een rapportage over de hoge vuurbelasting voor het huis. Op basis daarvan en de waarnemingen van de gemeente en de GG en GD kan er verder actie worden ondernomen.

Een paar weken later spreek ik Wilma. Bij de volgende controle is gebleken dat de man zo mogelijk nog meer spullen in zijn huis had weten te plaatsen. Onder dwang is het huis leeggehaald.

STIL

Roel / Goirle / zaterdagnacht 1.51 uur

ALS DE PIEPER GAAT, zit ik meteen rechtop in bed. Snel werp ik een blik op het scherm: *Ongeval met beknelling*. Er staat een weg en een kilometerpaaltje bij. Ik zwaai mijn benen over de rand van het bed. Het feit dat ik als OvD word opgeroepen, zegt al genoeg over de ernst van het ongeval en bovendien ken ik de weg beter dan ik zou willen. Het is een 80 km/u-weg met bomen aan weerszijden, waar het met grote regelmaat fout gaat, vaak met dodelijke afloop.

Snel kleed ik me aan, stap in de auto en meld me in. 'Eén persoon in de auto', geeft de meldkamer door. 'Omstanders voelen geen ademhaling.'

De weg is afgezet vanaf een kruispunt op enkele tientallen meters van het ongeval. Er zijn veel mensen voor dit tijdstip. Ik begrijp dat ze net van een feest komen, waar een jonge dj heeft gedraaid die daarna met zijn auto op weg is gegaan richting Poppel. Precies in de richting waar het ongeluk is gebeurd. Het zal toch niet...

Het is hem wel, begrijp ik al snel. Een politieagent laat me erdoor. Ik rijd door tot aan het ongeluk. Een auto waarvan het model niet meer te zien is, ligt op de kop tegen een boom op de verkeerde helft van de weg. De voorkant zit helemaal in elkaar, de achterkant is zwaar beschadigd. Er is veel hulpverlening aanwezig. De tankautospuit van Goirle is ter plaatse, net als een hulpverleningsvoertuig uit Tilburg, een ambulance en een aantal politieauto's. Er is een traumahelikopter onderweg, krijg ik door. Iemand van de politie praat me bij: 'Jonge man, jaar of twintig, tegen een boom geknald, over de kop geslagen en daarna opnieuw tegen een boom geklapt. De ambulancemedewerkers zijn met hem bezig, maar het ziet er niet goed uit.'

Even later wordt duidelijk dat de man is overleden. Waarschijnlijk was hij op slag dood. De traumahelikopter keert om, de mensen van de brandweer doen een stap terug. Waar net nog iedereen klaarstond om het slachtoffer zo snel mogelijk uit het autowrak te bevrijden, is het nu ineens vreemd stil. Door de afzetting in twee richtingen is er geen verkeer. Het is donker, in bosgebied, de hele situatie is statisch. Het autowrak ligt daar maar.

De OvD van de politie komt op me af. 'Wij gaan technisch onderzoek doen', zegt hij. 'Kunnen jullie stand-by blijven om straks de auto te verplaatsen en het slachtoffer eruit te halen?'

Ik knik. Daarna neem ik contact op met de meldkamer en praat ze bij. De ambulance vertrekt. Wij wachten tot de politie klaar is. Dit technisch onderzoek is heel belangrijk. Niet alleen moeten er lessen worden getrokken op het gebied van veiligheid, het is vooral van belang dat de nabestaanden die straks een verschrikkelijke mededeling krijgen, niet met vragen blijven zitten.

Mijn rol is op dit moment niet zozeer het coördineren van de brandweerinzet, aangezien we moeten wachten. Maar ik ben hier ook om onze eigen mensen in de gaten te houden. Van de gezichten van de brandweermannen en -vrouwen is de heftigheid van de situatie duidelijk af te lezen.

Als de politie klaar is met het onderzoek, gaan wij weer aan de slag. Met de lier van het hulpverleningsvoertuig verplaatsen we de auto zo ver dat hij los van de boom komt te staan. Daarna gaat de bemanning van de tankautospuit aan de slag om het verwrongen blik weg te knippen. Ondertussen arriveert het donkere busje van de uitvaartonderneming.

De man wordt met behulp van een redplank uit de auto gehaald. Als hij wordt overgeplaatst in de kist van de uitvaartondernemer, kun je een speld horen vallen. Iedereen buigt het hoofd.

De kist gaat dicht, het busje rijdt weg. De ploegen gaan hun spullen pakken. Er komt een bergwagen voor het autowrak. Ik spreek met de bevelvoerder af dat we elkaar zo treffen op de kazerne in Goirle. Vooralsnog besluit ik geen BOT op te roepen. Een kop koffie en met elkaar napraten kan vaak al veel doen voor de verwerking. De komende tijd zal de teamleider van de post de mensen die er vannacht bij waren, extra in de gaten houden. Wie moeite heeft met de verwerking, krijgt dan alsnog extra hulp.

Als ik vroeg in de ochtend vanaf de kazerne naar huis rijd, denk ik aan mijn collega die het eens mooi wist te omschrijven. Als je bij de brandweer gaat, krijg je een strippenkaart. Iedere heftige inzet is een knipje. Vannacht hebben we er allemaal een knip bij gekregen.

OP DE VLUCHT

Gerard / Rotterdam / vrijdagavond 19.22 uur

We staan vandaag onder leiding van Geert, stage-bevelvoerder. Hij mag aan de bak, want we krijgen een melding van een brandalarm om de hoek bij de kazerne. Snel nemen we onze plekken in in de auto, om na twee bochten alweer uit te stappen. Terwijl we naar de deur lopen oriënteer ik me. De kazerne ligt recht achter dit pand, een stukje hoger. De jongens die zijn achtergebleven, kunnen vanaf het terras in de tuin kijken.

'Nee, jullie mogen niet naar binnen', deelt een wat chagrijnige vrouw bij de deur ons mee.

Geert wil zich natuurlijk niet laten kennen, stagiair die hij is. 'Maar er is een brandmelding binnengekomen.'

'Kan me niet schelen. Er is hier geen brand.'

Geert is niet van plan het hierbij te laten zitten. Hij maakt zich breed en zegt: 'We doen eerst onderzoek en pas als wij zeggen dat er niks aan de hand is, gaan we weg.'

Er wordt nog wat heen en weer gediscussieerd, maar uiteindelijk maakt de vrouw plaats. Achter elkaar aan lopen we naar binnen. We komen in een gang met links en rechts deuren. Ik doe er eentje open, mijn collega's beginnen hetzelfde te doen. Even blijf ik staan bij het tafereel dat zich voor mijn neus afspeelt. Ik zie een naakte man en vrouw, een bed en...

'Goedenavond', zeg ik tegen het geschrokken tweetal. 'De brandweer.'

Elders in de gang vergaat het mijn collega's niet veel anders. Uit allerlei kamers komen half- of helemaal naakte mensen tevoorschijn, een aantal probeert snel te vluchten uit ons zicht.

'Dit is niet goed voor mijn klanten', verzucht de geïrriteerde vrouw achter ons.

Het kost ons een kwartiertje om het pand door te lopen. De oorzaak van het brandalarm wordt niet duidelijk, we vinden niks. Onverrichter zake keren we terug naar de kazerne.

Daar liggen de jongens die zijn achtergebleven blauw van het lachen. Vanaf het terras hebben zij toegekeken hoe klanten in verschillende stadia van aan- en uitkleden door de achterdeur, de ramen en de tuin snel zijn weggevlucht.

'Er zitten er daar nog wel een paar in de bosjes', grinnikt mijn collega John nog na. 'En volgens mij sluipen ze nu allemaal terug naar binnen.'

BLIKSEM

Wietze / Boelenslaan / vrijdagnacht 5.03 uur

IK WORD WAKKER VAN een vreemd geluid. Het duurt even voordat ik me realiseer dat het het gerommel van onweer is. Heftig onweer, te oordelen naar het tempo waarin de klappen elkaar opvolgen, maar zo te horen komt het niet dichterbij. Ik draai me nog eens om en probeer de slaap weer te vatten.

Zes minuten later gaat mijn pieper. Ik sliep nog niet en sta meteen naast mijn bed. *Woningbrand*, is de melding en binnen een halve minuut zit ik aangekleed en wel op de fiets.

Onderweg naar de plaats van het incident komt er vanuit de meldkamer meer informatie door, die de bevelvoerder met ons deelt. 'De brand is hoogstwaarschijnlijk veroorzaakt door blikseminslag', zegt hij. 'Het is niet zeker of het nog brandt, maar er wordt een rooklucht waargenomen en de schade is in elk geval groot.'

Een paar minuten later parkeren we de auto voor de kleine vrijstaande woning net buiten het dorp. We stappen uit en heel even blijf ik staan. Het is een bizar gezicht: de oprit ligt bezaaid met stukken rode baksteen. Ik kijk naar de gevel van het huis, maar die is intact.

Veel tijd om erover na te denken heb ik niet. De bewoonster van het huis is inmiddels door de buren opgevangen en de buurman komt naar ons toe. Hij loopt nog in zijn pyjama. 'Het hele huis ruikt naar rook', zegt hij. 'Maar ik heb binnen geen brand gezien. Misschien wel in de schuur, want daar is het helemaal zwart van de rook.'

Terwijl de twee anderen uit de ploeg het woonhuis gaan controleren, hol ik samen met mijn collega Andries naar de schuur. Daar ruikt het sterk naar rook, maar brand kunnen we niet ontdekken. Wel zijn de muren erg gehavend. Alle stopcontacten en schakelaars zijn van de muur geblazen en liggen in stukjes op de grond. Waar de stroomkabels hebben gelopen, zijn de muren pikzwart en kapot. Her en der hangt nog een stuk kabel, de rest is verdwenen. De bliksem heeft als een enorme lont alles weggebrand. Ik heb nog nooit zoiets gezien.

Andries en ik stellen vast dat in de schuur op dit moment geen direct gevaar dreigt en lopen naar de woning. Daar is de chaos compleet. Stoelen liggen om, de bank staat tegen de salontafel. Geen meubelstuk staat meer waar het zou moeten staan. Kasten zijn twee, drie meter de kamer in geblazen, maar staan bizar genoeg nog wel overeind. Ook hier zijn de leidingen uit de muren geblazen. De grond ligt bezaaid met stukken gipswand.

Ik loop naar de gang en werp een blik in de meterkast. 'Moet je kijken,' zeg ik verwonderd tegen Andries, 'deze mevrouw heeft helemaal geen deur voor de meterkast. Dat is ook raar.'

Andries kijkt even om zich heen en wijst dan op de muur achter mij. 'Volgens mij had ze die deur wel.'

Ik draai me om en ontdek dan tot mijn verbijstering de deur, die rechtop tegen de muur staat. Hij is met zo'n kracht weggeblazen dat de klink in het gips is gedrukt. De scharnieren hangen er los bij. Ik knipper een paar keer. Het is dat ik het met mijn eigen ogen zie, anders zou ik het niet geloven.

We lopen een rondje door het huis, waarbij we goed moeten opletten of het wel veilig is. Door de enorme klap zijn de wanden ontzet, maar de houtskeletconstructie van het huis is nog intact. Voorlopig zal het echter onbewoonbaar zijn.

'Ik hoorde het onweer aankomen', zegt de bewoonster bibberig als ik een praatje met haar maak op de oprit. 'Ik heb snel nog wat stekkers uit het stopcontact gehaald, maar...' Ze rilt bij de herinnering. 'Toen het gebeurde, zat ik op de rand van mijn bed. Het was net alsof de muren bewogen. Er was een flits en toen die knal... En daarna rook het heel erg naar brand in huis.'

Ik heb te doen met dit oude vrouwtje, dat de schrik van haar leven moet hebben gehad. Dat ze de stekkers uit het stopcontact heeft gehaald is verstandig, want op die manier heeft ze in elk geval wat apparatuur gered, maar de ravage is desalniettemin enorm en het zal een tijd duren voordat ze weer in haar huis kan wonen.

Ik staar naar de brokstukken op de grond en realiseer me dan eindelijk waar die vandaan komen. Helemaal aan het begin van de oprit staan de resten van twee gemetselde muurtjes. Twee rijtjes van een enkele baksteen dik, dat is alles wat er over is. De rest, inclusief de twee lampen die bovenop moeten hebben gezeten, ligt verspreid over de oprit. De afstand tot het huis is zeker twintig meter, maar door de ondergrondse stroomleiding is de bliksem ook hiernaartoe geleid. Ik schud mijn hoofd en bedenk dat ik de volgende keer als ik wakker word van het onweer, er toch anders naar zal luisteren.

DRUKKE DAG

Marcel / Eelde / vrijdagochtend 9.30 uur

De melding die doorkomt via de pieper is niet direct een alledaagse: *vliegtuig naast de baan in Eelde*. Ik moet de tekst twee keer lezen voordat die tot me doordringt. Groningen Airport Eelde is hier zo'n twintig minuten vandaan en heeft een eigen brandweerkorps. Als er korpsen uit de omgeving worden opgeroepen, moet het dus wel om een groot ongeluk gaan.

'Het gaat om een MD-88 van de Turkse maatschappij Onur Air', geeft de meldkamer onderweg door. 'De start is afgebroken, het toestel kon niet op tijd remmen en is van de baan geschoten. Nu staat het in het weiland.'

'Slachtoffers?'

'Nog niet bekend. Er zitten meer dan honderdveertig passagiers aan boord, plus zeven bemanningsleden. Eelde is nu bezig de mensen uit het vliegtuig te halen.'

Achterin luister ik mee met het gesprek met de meldkamer. Ondertussen probeer ik alvast een plaatje te vormen van wat wij zo meteen gaan aantreffen. Als de collega's van de luchthavenbrandweer er al in geslaagd zijn bij het vliegtuig te komen en mensen eruit te halen, is er in elk geval geen sprake van een grote brand.

Het vliegtuig is ook niet van grote hoogte naar beneden gevallen. Hopelijk valt het mee met de slachtoffers.

Als we het vliegveld naderen kijk ik om me heen. De ene hulpdienst na de andere komt aan. We worden opgevangen door iemand van de marechaussee en naar de plek van het vliegtuig geleid. Daar staan nog meer ambulances en brandweerauto's. Een traumahelikopter is vlak naast het toestel geland. Het ziet er apart uit: dat grote vliegtuig in het groene weiland. Het toestel is zwaar beschadigd, maar gelukkig is er inderdaad geen brand. Via de noodglijbanen komen een voor een de passagiers naar buiten.

We krijgen de opdracht te helpen met het ontruimen van het toestel, maar als we de auto hebben geparkeerd en bij het vliegtuig komen, is bijna iedereen er al uit. Ik zie vooral mensen met lichte verwondingen. Ze worden opgevangen door ambulancepersoneel.

Het uur erop houden we ons vooral bezig met het veiligstellen van het vliegtuig, zodat het later vandaag – als het onderzoek is afgerond – naar de hangar kan worden gebracht en de startbaan weer gebruikt kan worden. Met zoveel korpsen op de been vordert het werk snel en we krijgen van de OvD door dat we terug kunnen naar Assen. De luchthavenbrandweer heeft onze hulp niet meer nodig.

Als we weer in de auto zitten, praten we na over de inzet. Je gaat niet bij de brandweer als je niet van actie houdt, en ik moet toegeven dat het wel spectaculair is om bij een vliegtuigongeluk opgeroepen te worden. Ook omdat alle passagiers en bemanningsleden het hebben overleefd, houd ik er een goed gevoel aan over.

'Oké, we zijn klaar.' Het is iets na twaalf uur als we elkaar tevreden aankijken. De tankautospuit is weer uitrukgereed, de pakken hangen keurig aan de juiste haakjes, de helmen liggen op hun plek. De jongens, die net als ik vanochtend gewoon van hun werk zijn weggerend, maken zich klaar om terug te gaan. Napratend over de inzet lopen we de kazerne uit.

Ineens gaat de pieper opnieuw. Allemaal grijpen we naar onze broekzak.

'Een tank-treinincident?' lees ik hardop voor. We kijken elkaar aan. Ik denk meteen aan een ongeluk tussen een trein en een tankwagen, al gun ik mezelf amper tijd om na te denken. Meteen draaien we ons om, trekken onze pakken weer aan en haasten ons naar de auto. Voor de tweede keer vandaag verlaten we met zwaailichten en sirene de kazerne.

De bevelvoerder neemt contact op met de meldkamer. 'Het gaat om een aanrijding op een onbewaakte spoorovergang', geeft de centralist door. 'Een trein heeft daar een tank aangereden.'

'Bedoel je een tankwagen?'

'Nee, een tank. Van defensie.'

Ik frons en probeer me naar aanleiding van deze nieuwe informatie een voorstelling te maken van het ongeluk. Ik weet niet wat een legertank hier op het Drentse platteland doet, maar dat is nu ook niet belangrijk. Belangrijker is de vraag hoeveel passagiers er in de trein zaten en hoeveel man in de tank.

'Daar hebben we nog geen informatie over', geeft de meldkamer door.

Het ongeluk is net gebeurd, wij zijn de eerste auto. Als we de opgegeven locatie naderen, zien we midden in het weiland een trein stilstaan, een meter of honderd na de spoorwegovergang.

'Zou dat hem zijn?' vraagt mijn collega Joris, die naast me zit en net als ik uit het raam kijkt. Een paar seconden later wordt de vraag beantwoord als we goed zicht op de trein krijgen. De voorkant bestaat alleen nog maar uit verwrongen blik. Slechts met moeite is de gele kleur van de NS nog te herkennen.

Ernaast staat een tweede trein. Als we de auto stilzetten, komt meteen de machinist van het tweede voortuig op ons af. 'Snel!' roept hij, wijzend naar de de gecrashte trein. 'Mijn collega... Hij...' De man maakt ons duidelijk dat de machinist zwaargewond in de eerste coupé achter de cabine ligt, maar dat de trein verder leeg is.

Terwijl we ons naar de gewonde man toe haasten, bedenk ik dat hij misschien wel aan de noodrem heeft getrokken en daarna snel uit zijn cabine is gerend toen hij het ongeluk aan zag komen. In het voorbijgaan werp ik nog een blik op de voorkant van de trein. Het is niet moeilijk te bedenken wat er was gebeurd als de man wel in de cabine was blijven zitten.

De machinist is zwaargewond, maar aanspreekbaar. Hij zit niet bekneld en vrijwel meteen neemt het team van de eerste ambulance de zorg voor hem over. Eenmaal buiten zie ik ook de tank liggen, zo'n honderd meter verderop half in het groen, op z'n kant en beschadigd. Een van de twee OvD's komt naar ons toe.

'De trein was onderweg naar de remise voor onderhoud', praat hij ons snel bij. 'De tank was samen met nog een voertuig bezig met een oefening. Een persoon heeft zichzelf op tijd in veiligheid kunnen brengen door van de tank te springen, de twee andere inzittenden zitten er nog in.' Aan zijn gezicht zie ik al wat hij gaat zeggen. 'Ze zijn allebei overleden.'

Ik knik langzaam. Als zo'n zwaar pantservoertuig op z'n kant is gegaan, moet het een enorme klap zijn geweest. Terwijl ik mijn blik door het weiland laat gaan, zie ik verderop nog een tank staan. Ervoor staat een groepje mensen.

'We kunnen op dit moment niet bij het voertuig komen', zegt de OvD. 'Ik ben er net heen gelopen samen met een ambulanceverpleegkundige, maar het is niet veilig om er nu met z'n allen heen te gaan en we kunnen ook nog niet gaan takelen.'

Door de klap heeft de tank een aantal treinportalen omvergetrokken en de daaraan bevestigde bovenleidingen liggen nu over het spoor. Daardoor staat de spoorbaan onder stroom.

'De stroom gaat er zo af', geeft de OvD door. Hij heeft contact gehad met de meldkamer. Van daaruit zijn de NS en ProRail gealarmeerd dat de stroom van de bovenleiding moet. Het duurt even, maar dan komt de bevestiging dat de elektriciteit eraf zou moeten zijn. Vanuit de auto halen we een zogenoemde 'veiligheidstester* NS', waarmee we kunnen meten of er spanning op de leiding staat. Dat is niet het geval, maar omdat de leiding over een grote afstand op meerdere plekken beschadigd is en over het spoor ligt, durft de OvD het niet aan om niet alleen onze ploeg, maar ook de ploegen van de inmiddels gearriveerde buurkorpsen over het spoor te laten lopen.

Een minuut of twintig later arriveert er een medewerker van ProRail. In de tussentijd hebben we het materieel klaargezet dat we nodig hebben om de tank zo meteen te zekeren. De grondkabels en de takel liggen al klaar. Zodra we erbij kunnen, zullen we eerst de tank vastzetten, zodat hij niet omrolt als we ernaast of erop staan. Daarna gaan we naar binnen. De taken zijn al verdeeld. Samen met mijn collega Onno zal ik een van de twee mannen eruit halen.

Samen met de OvD test de ProRail-medewerker of de stroom er over de hele linie af is. Als dit het geval blijkt te zijn, lopen we eindelijk naar de tank. Het zekeren kost niet veel tijd. Als de situatie veilig is, klim ik met drie collega's op de tank. Per tweetal gaan we naar binnen. De mannen liggen op de bodem van de tank.

We dragen de lichamen over aan iemand van de uitvaartonderneming. De tank kunnen we niet weg krijgen, die is veel te zwaar. Er zal een bergingsbedrijf voor moeten komen. Tegen het einde van de middag kunnen wij op de plek van het ongeval niet veel meer betekenen. We stappen in de auto en gaan op weg naar de kazerne. Onderweg wordt er niet veel gezegd.

BADKUIP

Gerard / Rotterdam / zondagochtend 8.53 uur

'Zouden jullie met de gereedschapswagen de politie kunnen helpen?'

Ik frons bij de vraag van de meldkamer. 'Ja natuurlijk, maar waarom?'

'Er is gisteren brand geweest in een pand in het centrum en de politie heeft jullie hulp nodig, hebben ze doorgegeven. Wij weten ook niet precies waarom, maar ga er maar even kijken.'

Vanochtend bij de overdracht hebben de collega's ons al uitgebreid bijgepraat over de grote brand die gisteren in het centrum heeft gewoed. Daarom weet ik ook dat in het afgebrande pand een bordeel huisde. Volgens de ploeg van gisteren is er een bonte stoet personeel en klanten uit het brandende gebouw gered. Voor zover bekend is er niemand omgekomen.

We rijden naar het opgegeven adres. Het is niet moeilijk te zien waar we moeten zijn: het pand is helemaal uitgebrand. De voorpui is ingestort, net als een deel van de vloeren.

'Moet je kijken', zegt mijn collega Freek als hij me aanstoot. 'Daar staat nog een badkuip.'

Het is een bizar gezicht. In een van de zijkamertjes op de vierde verdieping was blijkbaar een badkamer en hoewel de vloer eromheen is ingestort, is de badkuip blijven staan.

We parkeren de auto en ik loop naar de politieagenten op de stoep. Ze hebben de straat gedeeltelijk afgezet om het massaal toegestroomde publiek op afstand te houden, en kijken nu omhoog naar het verwoeste pand.

'We zijn nog een persoon kwijt', zegt een van de agenten. 'Eén man hebben we gisteren niet kunnen vinden en het blijkt dat hij ook niet zelf het pand al had verlaten. Zouden jullie willen kijken of jullie hem kunnen vinden?'

Ik kijk naar de badkuip. Misschien moeten we daar maar eens beginnen met zoeken.

We zetten de auto voor de gevel, klappen de pootjes uit en dan klim ik samen met collega Peter in het bakje van de ladder. Onze chauffeur neemt zijn plek in bij de bediening van de ladder en we worden naar boven gehesen.

Nog geen vijf minuten later hebben we de vermiste man gevonden. Het is geen prettig gezicht. Hij zit naakt in een klein laagje water in de badkuip, de rest is verdampt. Het bovenste deel van zijn lichaam is verbrand, het onderste deel gekookt. Waarschijnlijk was hij al overleden toen dat gebeurde. Mensen gaan bijna nooit dood aan verbranding, omdat ze tegen de tijd dat de vlammen hen echt hebben bereikt, vaak al door de rook zijn bevangen en overleden.

Ik kijk naar beneden. De halve straat staat vol en er komt alleen maar meer publiek bij.

'Laten we maar even een brancard en een paar dekens halen', zeg ik tegen Peter. Het is niet de bedoeling dat de omstanders de dode man zien. Het is een naar gezicht en bovendien weinig respectvol naar het slachtoffer.

De chauffeur haalt ons naar beneden. We maken de brancard vast aan het bakje van de ladder, laden dekens in en trekken allebei rubberen handschoenen aan. Daarna gaan we weer naar boven. Vanuit het bakje leunen we naar voren. Peter pakt de man aan de bovenkant, ik neem de voeten en zo tillen we hem over op de brancard. Daarna bedekken we hem met dekens en nemen de onfortuinlijke bordeelganger mee naar beneden.

ZO TERUG

Davy / Zevenaar / vrijdagmiddag 16.01 uur

'Als jij nog even die slinger ophangt, dan leg ik het bestek vast klaar op de tuintafel.' Diana, de vriendin van mijn vader, wijst naar een snoer van lampjes dat opgerold op een stoel ligt. Ik knik en pak het keukentrapje.
 Net op dat moment gaat mijn pieper. Ik kijk met een half oog naar de melding: *Dier in nood.* Dat valt gelukkig mee. Even een kat uit een boom plukken of een hond uit het water is meestal niet zoveel werk.
 'Ik ben zo terug!' roep ik tegen Diana. Ze knikt en wuift en snel spring ik op de fiets richting de kazerne. Hopelijk ben ik binnen een uur weer thuis. Vandaag wordt mijn vader vijftig en Diana, mijn broers en zussen en ik hebben een feestje voor hem georganiseerd. Hij weet het zelf nog niet, hij komt straks thuis en dan is de hele tuin versierd.
 Op de kazerne trek ik mijn pak aan en stap achter in de tankautospuit. 'Goed,' zegt Jaap, de bevelvoerder, als we op pad gaan, 'het zou dus gaan om een paard.'
 O shit, denk ik. Ik pak mijn pieper en druk verder naar het vervolg van de melding, waar het inderdaad gewoon staat. Ik heb

nooit eerder een melding met een paard gehad, maar uit de verhalen heb ik begrepen dat dit over het algemeen niet met een uurtje klaar is. Gelukkig zal mijn vader het wel begrijpen, aangezien hij ook brandweerman is.

We komen aan op een boerderij. 'Hier moeten jullie zijn', wijst de boer. Hij neemt ons mee naar een oude gierput. 'Ze was uitgebroken en is er zo in gegleden.'

Ik knijp mijn ogen samen. De situatie is best apart. De donkerbruine merrie staat in een oude gierput die onder het erf is geplaatst. Ervoor is een betonnen kuil van zo'n twee meter diep. Die kuil was afgedekt met stalen platen, maar toen het paard daaroverheen liep, zijn die gaan schuiven. Onder de platen, in de kuil, stond een stellage voor een mestmixer. Het paard is met plaat en al over de stellage heen de tank in geschoven. De stellage ligt omver, een wirwar van stalen buizen en platen blokkeert de uitgang voor het paard. Het is een wonder dat het dier niet zwaargewond is. In plaats daarvan staat de merrie vrij rustig in de tank. Toch is er een dierenarts ter plaatse die haar zo meteen iets kalmerends zal geven, anders is het voor ons te gevaarlijk om de kuil in te gaan.

Er rijdt een tweede brandweervoertuig het terrein op, een hulpverleningsvoertuig uit de naburige post. Onze kazerne beschikt ook over zo'n voertuig, maar die van het korps vlakbij heeft een kraan, vandaar dat zij opgeroepen zijn. Ook is Roel gearriveerd. Hij is hier als OvD, maar ik ken hem omdat hij ook actief is als bevelvoerder bij ons korps.

'Die stellage moet aan de kant', zegt Jaap. 'Wie wil dat doen?'

'Ik wil wel', zeg ik meteen. Ik heb onlangs de opleiding technische hulpverlening gehaald en wil graag ervaring opdoen met het gebruik van zwaarder gereedschap.

'Ik ook.' Dat is Karel, mijn collega en tevens een van mijn beste vrienden. Hij heeft alleen de opleiding nog niet afgerond en mag daarom niet naar beneden.

'Ik ga er wel in', stel ik voor. 'En dan begin jij aan de bovenkant.'

We spreken door hoe we het gaan aanpakken en daarna trekken we allebei een beschermend pak aan. Modder en mest liggen verspreid over de kuil en het erf: dit wordt een vies klusje.

'Ze is echt rustig, hè?' vraag ik voor de zekerheid aan de dierenarts, die het paard intussen een injectie heeft gegeven. Leunend van bovenaf kon hij gelukkig net de spuit in de kont van het dier zetten. De man knikt. 'Ze gaat nu niet op hol.'

Dat hoop ik ook niet, want paarden zijn ontzettend sterk en als het dier tegen de stellage gaat beuken, heb ik een groot probleem. Maar de merrie ziet er gelukkig inderdaad niet uit alsof ze zich erg druk maakt. Ik klim voorzichtig in de kuil en pak de hydraulische schaar aan. Langzaam maar zeker werk ik me door de stalen constructie heen. De stukken die ik wegknip, pakt Karel aan. De rest van de ploeg houdt zich bezig met de vraag hoe het paard straks uit de kuil moet worden gehaald. Het is zo modderig dat het hulpverleningsvoertuig niet dicht genoeg bij de kuil kan komen. Dan zitten we straks met een vastgelopen brandweervoertuig en daar schiet niemand iets mee op.

'We laten de veetakel komen', beslist Jaap uiteindelijk. In deze regio zijn een paar korpsen met een dergelijke takel, speciaal bedoeld om grootvee te redden. De stalen constructie doet denken aan die van een schommel en wordt over de put, kuil of sloot heen geplaatst. Daarna worden de spanbanden onder de buik van het te redden dier door gehaald, waarna het naar boven kan worden gelift.

Maar zover is het nog niet. Eerst werk ik me verder door de omgevallen stellage heen. Tussendoor kijk ik een paar keer op mijn horloge. Nu wordt op het feestje van mijn vader zo'n beetje de barbecue aangestoken, nu zit iedereen aan het nagerecht...

Het paard staat rustig in de tank, het hoofd van mij af gedraaid. Blijkbaar doet het kalmerende middel z'n werk, want het dier verblikt of verbloost niet bij het geluid van de hydraulische schaar.

'Nu moeten we erbij kunnen', zeg ik, als ik de laatste stalen pijpen wegknip en aan Karel overhandig. Mijn collega's helpen me omhoog en Karel en ik kloppen elkaar op de schouder, trots op de prestatie die we samen hebben geleverd. 'Vanaf nu zijn wij het dreamteam', zeggen we lachend.

Op dat moment rijdt nog een auto het terrein op. Een jonge vrouw stapt uit en komt bezorgd onze kant op.

'Dat is mijn paard', verklaart ze, als ze een blik op het dier werpt. Ik zie de paardenoren meteen draaien bij haar stem. Paarden zijn gevoelige dieren, die sterk reageren op stemgeluid en omgevingsgeluiden. Het is goed dat de eigenaresse er is.

'Ik was helemaal in het westen van het land', zegt de vrouw. 'Maar ik ben meteen in de auto gesprongen toen ik hoorde wat er aan de hand was.' Ze kijkt nerveus naar het paard. 'Jullie krijgen haar er toch wel uit, hè?'

'We doen ons best', zegt Jaap. Maar makkelijk is het niet. Met de veetakel lukt het niet, omdat we het paard daarmee niet hoog genoeg krijgen. Er moet een shovel van een naburige boerderij aan te pas komen. We halen hijsbanden onder de buik van het paard door, bevestigen die aan de bak van de shovel en dan lukt het wel om de merrie op haar benen op het erf te zetten. De dierenarts kijkt het dier na. Voorzichtig zet ze een paar stappen. Ze loopt een beetje moeilijk, maar dat komt van het kalmerende middel. Verder heeft het paard wonder boven wonder alleen wat kleine schaafwondjes.

Met de slang van de tankautospuit spoelen we eerst het paard en dan onszelf af. Ik kijk weer op mijn horloge. Het is al over zevenen als we in de auto stappen.

'Je vader zal zich afvragen waar je blijft', zegt Jaap.

Ik haal mijn schouders op. 'Hij zal het wel begrijpen.'

'Zullen we je anders even thuis afzetten?'

Ik grijns. Dat vindt mijn vader natuurlijk prachtig. 'Nou, als dat zou kunnen...'

Even later rijden we de straat in. De chauffeur toetert luid, mijn vader komt meteen naar buiten. Lachend omhels ik hem. 'Gefeliciteerd, hè. En sorry dat ik zo laat ben.'

GEEN WOORDEN

Marco / Lelystad / donderdagavond 19.04 uur

'Als jij nog even een doekje over het aanrecht haalt, zet ik alvast koffie.' Mijn vrouw drukt me een vaatdoek in handen en pakt zelf de filters uit de kast. We zijn net klaar met eten en ruimen de keuken op, terwijl de jongens in de kamer spelen.

Net als ik mijn vaatdoek onder de kraan houd, klinkt het geluid van mijn pieper door de keuken, gevolgd door een melding met gesproken woord: 'OvD, wilt u uitrukken voor een ongeval op de A6, afrit Lelystad-Noord.' Meteen meld ik me in.

Binnen een minuut zit ik in de auto, tien minuten later ben ik ter plaatse. Ondertussen heb ik van de meldkamer begrepen dat een oudere vrouw onder aan de afrit geen voorrang heeft verleend aan een vrachtwagen en dat de daaropvolgende klap in elk geval de bestuurster van de auto het leven heeft gekost. Naast twee ambulances en diverse politieauto's is ook het brandweerkorps van Lelystad ter plaatse om het tweede slachtoffer, een vrouw van rond de zeventig, uit de auto te halen. Deze vrouw leeft nog, maar is er heel slecht aan toe.

Ik zet mijn auto in de berm achter een paar politiewagens en loop naar de plek van het ongeval. De ravage is groot. Een vrachtauto staat dwars over de weg. Tegen de paal van een wegwijzer staat een grote stationwagen waarvan de voorkant en linkerzijkant helemaal in elkaar zijn gedeukt. De paal van de wegwijzer staat zo'n beetje midden in de auto, zo hard is de klap geweest. De medewerkers van de ambulance hebben al vastgesteld dat de bestuurster ter plaatse is overleden, alle aandacht gaat nu naar de bijrijdster.

Ik overleg snel met de bevelvoerder van de Lelystadse ploeg. 'Heb je iets nodig?'

Ik kan een extra auto laten komen of een met zwaarder gereedschap, maar de man schudt zijn hoofd. 'Nee, we redden het wel.'

Terwijl de brandweerploeg met man en macht probeert de vrouw uit de auto te halen, neem ik contact op met de meldkamer. Voor de eerste keer sinds ik ruim een halfjaar geleden in Flevoland als OvD ben begonnen, vraag ik om een lijkwagen.

'Er is een begrafenisondernemer onderweg', laat de centralist even later weten.

Op hetzelfde moment slagen de brandweermannen erin de zwaargewonde vrouw uit het autowrak te bevrijden. Vliegensvlug wordt ze op de brancard gelegd en nog geen twee minuten later rijdt de ambulance met gillende sirenes weg. Nu is het zaak ook de andere vrouw uit de auto te halen. In principe gebeurt dat op de plek van het ongeval. In een enkel geval lukt het echt niet en wordt de auto met het slachtoffer erin afgevoerd. Ergens anders halen we hem of haar dan alsnog uit het voertuig.

Ik loop naar de auto. Ik reik naar voren en haal een handtas uit de auto, die ik aan de collega van de politie overhandig. In de portemonnee vindt hij het identiteitsbewijs. Uit gewoonte werp ik er een blik op. Dan stokt mijn adem. De naam komt me bekend voor, en de woonplaats klopt ook.

'Jeetje,' zeg ik geschrokken, 'ik ken deze vrouw uit mijn geboorteplaats.'

Ik ken haar niet goed, maar toch wordt het ongeval nu ineens persoonlijk. Snel zet ik dat weer van me af. Op dit moment en in deze rol moet ik professioneel blijven.

Terwijl de ploeg aan de slag gaat, arriveert het grijze busje van de uitvaartondernemer. Een man van achter in de zestig stapt uit: klein van stuk, brilletje op zijn neus, grote zwarte jas aan. Ik loop op hem af en schud hem de hand, hij kijkt terug met het uitgestreken gezicht dat past bij zijn werk.

'Het gaat om een vrouw van in de zeventig', zeg ik. 'We zijn nog bezig haar uit de auto te halen.'

De man knikt en gaat samen met zijn assistent aan de slag. Ze halen een kist van polyester uit de auto en als de vrouw even later uit het wrak is bevrijd, wordt ze erin gelegd.

Ons werk zit erop. Inmiddels is het bergingsbedrijf gearriveerd om het autowrak af te voeren. Ook de vrachtwagen zal worden opgehaald. Daarna zal de wegbeheerder het glas opvegen en kan de weg weer worden opengesteld. Terwijl ik naar huis rijd neem ik nog even contact op met de meldkamer om bij te praten. Dan krijg ik te horen dat de bijrijdster het helaas ook niet heeft gered.

Tegen halftien ben ik thuis. Voor de tweede keer die avond zet mijn vrouw koffie. 'Hoe was het?' vraagt ze.

'Heftig', antwoord ik.

De volgende avond. Terwijl ik de afwas doe, luister ik mee naar het verkeer op de portofoon. Het is dinsdagavond, oefenavond van het korps Dronten, en het is een drukte van belang op de porto. Ik heb hem net aangezet en ik probeer te ontdekken welke oefening er vanavond op het programma staat, maar ik word er nog niet echt wijs uit. Wat ik begrijp is dat er veel materieel wordt ingezet en dat er iets aan de hand is met een auto en een trekker.

Na een paar minuten begin ik te twijfelen. Dit klinkt wel erg serieus. Ik kijk naar mijn pager, maar zie geen melding. Zou het dan toch een grootschalige oefening zijn?

Ik besluit toch maar even naar de meldkamer te bellen. 'Zijn jullie met een oefening bezig? Het klinkt wel erg...'

'Nee, geen oefening', onderbreekt de centralist me. 'We wilden je net alarmeren. We hebben een zwaar auto-ongeval net buiten Dronten.' Hij geeft me de locatie, een kruising van twee buitenwegen. 'Zou je die kant op willen gaan?'

'Ik ben er over drie minuten', zeg ik. Ik woon zelf in Swifterbant en ken de plek van het ongeval. Terwijl ik me naar buiten haast, zeg ik mijn gezin gedag.

Ik ben zo snel ter plaatse dat ik amper tijd heb om me voor te bereiden, of meer informatie in te winnen.

Op de kaarsrechte buitenweg zie ik het ongeval al van een afstand. Het ziet er blauw van de zwaailichten. Niet alleen de brandweer is er, ook een ambulance en diverse politieauto's zijn ter plaatse. Ik begrijp van de meldkamer dat er meer ambulances onderweg zijn.

Ik parkeer mijn auto in de berm en ren naar het ongeval. Het eerste wat ik zie, is een grote trekker met een afgebroken voorwiel. Het voertuig ligt met z'n neus op het asfalt. Ongelukken met trekkers gebeuren wel vaker, maar dit is de eerste keer dat ik er eentje met zoveel schade zie. Het moet een enorme klap zijn geweest.

Eén auto staat dwars over de weg. Te oordelen aan de schade zit de bestuurder niet bekneld. Een brandweerman staat naast de auto en houdt zich met het slachtoffer bezig tot er meer ambulances zijn. De auto die frontaal op de trekker is gebotst, staat nu tegen een boom. Ik loop erheen. Er zit een vrouw naast, gewond maar bij bewustzijn. Ook naast haar zit, in afwachting van een extra ambulance, een brandweerman. Alle overige mankracht van de brandweer en de eerste ambulance gaan nu naar de achterbank van de auto. Ik werp een blik naar binnen en zie een glimp van een wit laken. Ik huiver even, maar heb geen tijd om erbij stil te staan.

'Wat is de situatie?' vraag ik aan de brandweerman die de leiding heeft.

Zonder zijn werk te onderbreken vertelt hij: 'Deze auto moest uitwijken voor het andere voertuig en is daarbij tegen de tractor geknald. Twee jongetjes op de achterbank, de oudste is overleden, de jongste is heel slecht.'

Er komen steeds meer politieauto's en ambulances ter plaatse. De traumahelikopter landt. De hulpverlening is in volle gang. Het is mijn taak om het overzicht te houden, te coördineren, de jongens van de ploeg in de gaten te houden. Ik kijk naar ze terwijl ze met alles wat ze in zich hebben bezig zijn om het jongste kind uit de auto te bevrijden. Het zijn allemaal jonge mannen, bijna allemaal vader. Ik denk al verder, aan vanavond, op de kazerne. Er moet gepraat worden, want dit gaat heel veel impact hebben.

Er rijden ambulances weg, het geluid van hun sirenes verdwijnt in de verte. De moeder van de twee kinderen op de achterbank wordt afgevoerd, net als het slachtoffer uit de andere auto. Ik maak contact met de meldkamer en vraag voor de tweede keer in twee dagen om de uitvaartondernemer. Daarna loop ik weer naar de auto, waar nog steeds voor het leven van het jongetje wordt gevochten.

Ik doe een paar stappen naar achteren om niet in de weg te lopen. Het jongetje wordt uit de auto gehaald, en meteen op de brancard gelegd. De trauma-arts besluit hem mee te nemen in de helikopter. Met veel lawaai stijgt de heli op. Ik kijk hem na.

'OvD?'

Ik kijk om. Een van de brandweermannen wijst naar de statige Mercedes van de uitvaartondernemer. Ik knik en loop erheen.

Het is dezelfde man als gisteren. Zelfde brilletje, zelfde zwarte jas, zelfde uitgestreken gezicht. 'Goedenavond', zeg ik. 'Dat is toevallig.'

Hij knikt.

'Het is vanavond wel een ander verhaal', zeg ik. Ieder dodelijk slachtoffer is verschrikkelijk, maar vandaag is de overtreffende trap daarvan. 'Ik heb nu een klein jongetje voor u.'

Het lijkt alsof de kleine man voor me nog een stukje krimpt. Zijn gezicht verstrakt en hij wordt een paar tinten bleker. Hij slaat zijn blik neer. 'O', is het enige wat hij zegt.

'OvD?' De hoofdbrandwacht staat achter me. 'Ik heb overlegd met de jongens en we willen het slachtoffer graag zelf uit de auto halen.'

Het jongetje zit niet bekneld, dus in principe kan de uitvaartondernemer het alleen af.

'Voor onze eigen verwerking', gaat de man verder.

Ik knik. 'Alle begrip, ga jullie gang.'

De politie, de ambulancemensen die er nog zijn, iedereen doet een stapje terug. Het is stil op de plek van het ongeluk. Met z'n achten gaan de brandweermannen aan de slag, voorzichtig, met zorg en toewijding, alsof het om hun eigen kind gaat. Twee mannen tillen het jongetje op. De uitvaartondernemer heeft een kist neergezet, de mannen leggen het jongetje er zachtjes in en dekken hem toe. Daarna gaat de kist dicht.

Vier mannen dragen de kist naar de auto. Zonder enige vorm van regie vormen de andere hulpverleners een linie, ik sluit ook aan. De brandweermensen nemen hun helm af en houden hem onder de arm. Het is muisstil als het viertal de kist in de zwarte auto zet. De uitvaartondernemer sluit voorzichtig de deur.

We gaan naar de kazerne. Er komt een collega van de lokale korpsleiding bij. Samen leiden we het gesprek. De emoties lopen hoog op. Ook ik denk aan mijn eigen zoontjes. Drie en één zijn ze.

Er zijn tranen. Zeker als vanuit het ziekenhuis het bericht doorkomt dat het jongste kind ook is overleden. Er is ook woede, maar gelukkig heeft iedereen wel een goed gevoel over de hulpverlening. Technisch gezien ging het goed en snel, de afloop is echter onverteerbaar.

Het loopt al tegen middernacht als we naar huis gaan. Afsluiten kunnen we dit niet. Een inzet als deze neem je mee. Over vijf, tien of twintig jaar denk je hier nog aan. Maar ik druk de jongens op het hart om de komende tijd aan de bel te trekken als ze voelen dat het fout gaat. Iedereen knikt.

Ik rijd naar huis. Mijn vrouw is nog wakker. We wonen in een klein dorp in de buurt, ze heeft al iets gehoord van wat er is gebeurd.

'Hoe was het?' vraagt ze als ik binnenkom.

Ik zoek naar een woord dat de lading dekt, maar ik kan niks verzinnen.

DEUR

Marcel / Assen / dinsdagnacht 3.42 uur

'Net op tijd', zeg ik als ik om twee minuten voor twaalf uur de keuken binnenstap.

Mijn vriendin overhandigt me een glas. 'Kon je het nog vinden?'

Ik knik half. Ook al woon ik op nog geen anderhalve minuut fietsen van de kazerne, het is geen rare vraag. De mist is zo dicht dat ik vanaf mijn fiets de straat niet kon zien. 'Met het vuurwerk wordt het vanavond ook niks, denk ik.'

Op televisie is een grote klok te zien en het aftellen begint. Een minuut later heffen we onze glazen en luiden het nieuwe jaar in. Buiten klinken een paar knallen, maar is er inderdaad niet veel vuurwerk. Normaal gesproken is de nieuwjaarsnacht altijd druk voor de brandweer – de reden dat de kazerne dan permanent wordt bemand en er niet, zoals anders, bij een melding een ploeg wordt opgeroepen – maar ook voor twaalf uur was het dit keer al rustiger dan anders.

Mijn dienst zit erop, maar ik sta tot de ochtend stand-by. Als er een melding komt waarbij meer dan één voertuig nodig is, kan ik alsnog worden opgeroepen. Ik beperk me tot frisdrank, neem nog een oliebol en praat bij met de vrienden die vanavond over de vloer zijn. Tegen de tijd dat we gaan slapen, verwacht ik niet dat ik vannacht nog word opgeroepen.

Om kwart voor vier gaat alsnog de pieper.

Grote brand, is de melding. Meteen sta ik buiten. Het kost moeite om mijn fiets terug te vinden, die ik toch echt eerder vannacht tegen de muur van de schuur heb gezet. Het zicht is hooguit nog een meter. Ik fiets veel langzamer weg dan ik zou willen. Bijna bots ik tegen de stoeprand, die ik pas op het laatste moment zie. Ik rijd de juiste straat voorbij, moet keren en vind met enige moeite de kazerne.

'Bizar', zegt mijn collega Jan, die tegelijk met mij aankomt. 'Ik rijd dit stuk nu al vijftien jaar, maar ik was gewoon verdwaald.'

Ook de rest van de ploeg heeft moeite gehad om op de kazerne te komen, maar uiteindelijk zijn we compleet en kunnen we gaan. Het opgegeven adres is een paar straten verderop. Ik stuur een van de jongens uit de ploeg naar buiten om voor de auto uit te lopen, want het is voor de chauffeur zonder hulp niet te doen om de weg te vinden. Bovendien zijn obstakels als auto's en verkeersdrempels pas op het allerlaatste moment te zien.

Ondertussen vraag ik de meldkamer om meer informatie. Er is al één brandweerauto ter plekke, geeft de centralist door. Wij zijn opgeroepen ter assistentie. Wat er precies brandt is niet duidelijk en de meldkamer weet ook nog niets over eventuele slachtoffers. Het gebrek aan informatie is op dit moment eigenlijk ook niet mijn grootste zorg. Hoe we er zo snel mogelijk komen is belangrijker.

Uiteindelijk zien we de blauwe lampen van de eerste auto. Ik kijk op de klok. Wonder boven wonder hebben we de aanrijtijd niet eens overschreden. Snel stap ik uit. Omdat er is opgeschaald naar 'grote brand', is er een OvD ter plaatse.

'We weten nog niet waar de brand zit', praat hij me bij. 'Waarschijnlijk in de parkeergarage. Door de roosters is de mist ook daar naar binnen gegaan. Je ziet er geen hand voor ogen.' Hij maakt een handgebaar naar de brandweerauto achter hem. 'Die ploeg is aan het zoeken, ik wil graag dat jouw team gaat ontruimen. Er is nu geen brand in het gebouw zelf, maar ik wil het zekere voor het onzekere nemen.'

Ik knik en geef instructies aan de ploeg. Het gebouw is een wooncomplex voor ouderen en mensen met een handicap. De bewoners hebben allemaal een eigen appartement binnen het complex. Een voor een gaan we de deuren langs. Niet iedereen had gemerkt dat er brandweerauto's voor de deur staan en dat er een brandlucht in de gangen hangt. Sommige mensen waren nog wakker en doen wat verwonderd de deur open, anderen verschijnen slaperig in hun badjas of pyjama. We laten de bewoners een dikke jas en warme schoenen aantrekken en nemen ze dan mee naar buiten.

'Marcel?' Jan komt naar me toe. 'We hebben het grootste deel ontruimd, maar bij één appartement wordt niet opengedaan.'

'Misschien is de bewoner niet thuis', zeg ik, terwijl ik achter Jan aan loop. Hij schudt zijn hoofd. 'Volgens de overbuurman is die meneer nooit weg en was hij er eerder vanavond ook gewoon.'

We bellen aan en bonken op de deur, maar er wordt inderdaad niet opengedaan. We proberen het met twee, drie man tegelijk, maar hoe hard we ook kloppen, er komt geen reactie.

'Dan gaan we de deur forceren', beslis ik.

Net op dat moment kraakt mijn portofoon. 'De brand is onder controle', geeft de OvD door. 'Er hoeft niet verder ontruimd te worden.'

We lopen weg bij de dichte voordeur, maar het zit me toch niet lekker. Ik wil eigenlijk niet weggaan voordat ik weet dat de bewoner in orde is. De deur forceren kan echter niet zomaar. Tijdens een ontruiming kunnen we dat gewoon doen, maar nu de ontruiming is afgerond, heb ik daar toestemming voor nodig.

Ik deel mijn zorgen met de OvD. 'Wat gaan we doen?' vraag ik hem. 'We kunnen domweg weggaan, maar dan horen we morgen misschien een verhaal dat we niet willen horen.'

Hij knikt. 'Forceer de deur maar', beslist hij dan. 'Je hebt toestemming.'

Met mijn ploeg loop ik opnieuw naar binnen. We bellen en kloppen nog een keer aan, maar nog steeds zonder resultaat. Ik doe een stap naar achteren en de jongens gaan aan de slag met de deurram*, maar het slot geeft niet mee.

'Haal de motorkettingzaag maar uit de auto', zeg ik. Even later snerpt het geluid van de zaag door de gang. Het hout kraakt en dan zwaait de deur open. Met z'n vieren lopen we naar binnen. In de woonkamer is niemand te zien. Ik doe een deur open en sta in een donkere slaapkamer.

'Ik geloof dat we hem gevonden hebben', zegt Jan achter me.

In het eenpersoonsbed ligt de bejaarde bewoner prinsheerlijk te slapen. Jan schudt voorzichtig aan zijn schouder en roept. De man murmelt wat en wordt dan langzaam wakker. Verdwaasd gaat hij rechtop zitten. 'Huh?'

Ik wil iets zeggen, maar hij steekt zijn hand op. Daarna reikt hij naar iets op zijn nachtkastje en stopt het in zijn oor. Ik begin een vermoeden te krijgen waarom hij niet reageerde op ons gebel en gebonk.

'Wat is er aan de hand?' vraagt de man, die niet eens echt geschrokken lijkt te zijn dat er ineens vier brandweermannen met pakken en helmen in zijn kamer staan.

'Nou, er was iets aan de hand', zeg ik. 'Er was brand in de parkeergarage, maar die is inmiddels onder controle.'

'O. Moet ik eruit?'

'Nee, dat hoeft niet meer. We kregen alleen geen contact met u en daarom zijn we toch maar even binnengekomen om te kijken of alles goed is.'

De man knikt. 'Ja hoor, prima. Ik had alleen mijn gehoorapparaat niet in. Zonder dat ding hoor ik niks.'

Ik glimlach. Dat hebben we gemerkt.

'Als u wilt, kunnen we u naar het Van der Valk Hotel brengen.

Daar gaan de mensen naartoe die rookschade hebben en niet in hun huis kunnen blijven.'

'Heb ik rookschade?'

'Nee, maar we hebben uw voordeur geforceerd, dus die kan niet meer dicht.'

'Momentje.' De man stapt uit bed en schuifelt richting de woonkamer. Even later keert hij terug met zijn portemonnee en paspoort in zijn hand. 'Nu heb ik het belangrijkste wel, geloof ik.'

Hij schuift de spullen onder zijn kussen, stapt in bed en trekt de deken over zich heen.

'Welterusten', zeg ik nog net voordat de man zijn gehoorapparaat weer uit doet.

IJSSCHOTS

Gerard / Oud Overschie / zondagmiddag 16.06 uur

'Koud, hè?'

Mijn collega's knikken. Ik ben even naar buiten gelopen en wrijf in mijn handen als ik de kazerne weer binnenkom. Het is al een paar dagen onder nul en de ijsschotsen drijven in de Schie.

Mijn collega's knikken en net op dat moment gaat het alarm. *Hond te water*, is de melding die we doorkrijgen. De locatie staat erbij, het gaat om de kade in Oud Overschie. Snel stappen we in de auto en rijden met zwaailicht en sirenes naar het opgegeven adres. Het redden van mens en dier is de belangrijkste taak van de brandweer en we maken geen onderscheid of het om een hond of een mens gaat. Bij dreigende verdrinking telt elke seconde nu eenmaal, zeker op een koude winterdag als vandaag.

Glibberend en glijdend met de wagen komen we aan op de kade. Bij een dergelijke melding is de regel dat één persoon uit het team zich onderweg al klaarmaakt om het water in te gaan. Dat betekent: schoenen uit, jas uit, zich zoveel mogelijk strippen om te water te gaan en eerste hulp te verlenen totdat het duikteam er is. Dat moet van een andere kazerne komen, vandaar dat het even duurt voordat zij er zijn.

In principe moet één man uit de ploeg zich gaan klaarmaken, maar de melding is zo dichtbij dat daar geen kans toe is. Binnen twee minuten zijn we ter plaatse. Chauffeur Theo zet de auto stil en de vier mannen achterin stappen uit. Ik blijf even zitten, het is mijn taak als bevelvoerder om aan de meldkamer door te geven dat we ter plaatse zijn. Terwijl ik dat doe, zie ik wat er op straat gebeurt. Er staan zeker veertig man toe te kijken, maar blijkbaar heeft niemand zin om zelf een nat, en koud, pak te halen. Ze weten echter allemaal wel precies wat de ploeg moet doen. Voordat een van mijn mannen de kans krijgt zijn jas en schoenen uit te trekken, wordt het tweetal al letterlijk het water in geduwd door boze omstanders. De andere twee, die nog bij de auto stonden, rennen erop af.

'Ga die hond redden!' hoor ik iemand roepen, druk wijzend naar een klein, zwart hondje dat angstig op een ijsschots in het water zit. Het volgende moment ligt, met dank aan de omstanders, de hele ploeg in het ijskoude water. Op de kade is het oproer groot, want de omstanders menen dat de hulpverlening nog altijd niet snel genoeg gaat. Ik maak opnieuw contact met de meldkamer en vraag om een ambulance, aangezien ik straks mogelijk met vier onderkoelde brandweerlieden zit.

Ik stap uit en loop naar de plek waar de jongens in het water liggen. Het is op de kade al niet boven nul, het water moet echt ijskoud zijn. Ik kijk toe hoe ze met z'n vieren het hondje van de ijsschots halen en meenemen naar de kant. Gelukkig parkeert net op dat moment de ambulance achter onze brandweerwagen.

Een man tilt het hondje op en wikkelt hem in een deken. 'O gelukkig', zegt hij met duidelijk opluchting in zijn stem. 'Daar ben je weer.'

'Is dit uw hondje?' vraag ik, terwijl ik mijn irritatie voel toenemen. Deze man stond al de hele tijd op de kade zonder zelf één vinger uit te steken.

'Nee, hij is van mijn zoon, maar wij passen op hem.'

Ik bespaar mezelf de moeite om op te merken dat hij de hond

beter aan de riem had kunnen houden. Maar in plaats daarvan moet me wel iets anders van het hart. 'U stond hier de hele tijd te kijken, nietwaar? U had ook zelf het water in kunnen gaan om de hond eruit te halen.'

De man kijkt me aan alsof ik iets heel vreemds heb gezegd. 'Weet u wel hoe koud het is?'

'Ja, dat weet ik, en dat weten mijn mannen nu ook.' Ik gebaar naar de brandweerauto achter me. 'Die zijn namelijk net het water in geduwd.'

'Die gingen een beetje op de kant staan kijken, terwijl die hond daar bijna verdronk.' De man slaat zijn armen over elkaar heen en kijkt me uitdagend aan. 'Natuurlijk moesten ze het water in. Daar zijn jullie voor.'

Ik probeer hem uit te leggen dat dat inderdaad onze taak is, maar dat hij zelf ook wel iets had kunnen doen. En dat ik bovendien niet blij ben dat mijn hele ploeg in de Schie lag. Want nu heb ik niet één man met het risico op onderkoeling maar vier. Bovendien is de ploeg nu voorlopig niet inzetbaar voor andere calamiteiten. Eerst moeten ze op de kazerne onder de warme douche en we hebben ook niet vier droge pakken liggen, dus die moeten worden gebracht. In de tussentijd moeten onze meldingen worden overgenomen door andere kazernes.

'Nou en?' De man kijkt me aan. 'Wat zit je nou te zeuren?'

Inmiddels is zijn vrouw er ook bij komen staan. 'Daar zijn jullie toch voor?' zegt ze schouderophalend. 'We gaan zelf echt het water niet in met deze temperatuur.'

Dat is een houding die ik wel vaker tegenkom, zeker als er iemand in het water ligt: ík ga het niet oplossen. Het maakt daarbij niet eens zoveel uit of het hoogzomer of hartje winter is. Ik heb meegemaakt dat er iemand letterlijk was verdronken voor de ogen van tientallen omstanders. Natuurlijk begrijp ik dat het moeilijk is, of koud, maar de houding van 'geen zin in, dat moet de brandweer maar doen' irriteert me.

Ik probeer het tweetal en de andere omstanders die erbij zijn komen staan, nogmaals uit te leggen dat wat meer eigen initiatief erg op prijs zou zijn gesteld, maar daar hebben ze niks mee te maken, zeggen ze. Uiteindelijk stap ik maar weer in de auto. De volgende keer stapt er bij een dergelijk incident één man uit, besluit ik. De rest blijft zitten. Weer wat geleerd.

Twee dagen later, tien uur 's ochtends. We zitten op de kazerne net aan de koffie als de bel gaat. Ik doe open en zie een man en een vrouw met een grote gebaksdoos.

'Taart', zegt de man enigszins ten overvloede. 'We komen onze excuses aanbieden.'

Nu pas herken ik hem en zijn vrouw. Ik doe de deur verder open. 'Kom erin.'

'Eigenlijk had u wel gelijk', zegt de vrouw als ik de deur achter hen sluit. 'Het was niet netjes van ons. Uw boosheid was gewoon terecht.'

De man houdt de doos omhoog. 'Dus dachten we: we nemen taart mee om het goed te maken.'

Ik knik en glimlach. 'Toevallig staat de koffie net klaar. Schuif aan.'

Even later zitten we met z'n allen aan de slagroomtaart. 'Hoe is het met de hond?' vraag ik.

'Die heeft de hele avond bij de kachel gelegen', lacht de man. 'Ik moest jullie ook namens mijn zoon heel erg bedanken. Vanaf nu blijft Rover mooi aan de riem.'

RING

Peter / Den Haag / vrijdagavond 22.31 uur

'Peter, jullie hebben wel verstand van eh... ledematen die vastzitten, toch?'

Ik frons bij deze vraag vanuit de meldkamer ambulancezorg, die in dezelfde ruimte als de onze is gevestigd. 'Je bedoelt een beknelling?'

'Zoiets, ja.'

'Ja hoor, daar zijn wij van.'

'Mooi. Komt-ie!'

Een paar seconden later verschijnt er een incident in mijn scherm. Ik kijk verbaasd naar de plek van de melding.

'Weet je zeker dat we op de spoedeisende hulp moeten zijn?' vraag ik aan mijn ambulance-collega. 'Is die persoon niet thuis?'

'Nee.' Mijn collega schudt zijn hoofd. 'Hij is al in het ziekenhuis. Ze hebben al van alles geprobeerd, maar ze krijgen hem niet los.'

'Wat schort eraan?'

'Tja...' Hij schudt zijn hoofd. 'Er zit een ring om een bepaald lichaamsdeel en die wil er niet meer af.'

'Aha.' Ik ga weer zitten. Ik vermoed zomaar dat het hier niet om een knellende trouwring gaat. En als het daar wel om gaat, zit die ring niet om een vinger. Voordat ik een auto die kant op stuur, bel ik voor de zekerheid eerst maar even met het ziekenhuis.

'Ja, klopt', weet een van de dienstdoende verpleegkundigen mij even later te vertellen. 'We hebben van alles en nog wat geprobeerd, maar die ring zit behoorlijk strak om zijn penis. Dus nu hopen we dat jullie ons kunnen helpen.'

'Uiteraard, er komt een auto jullie kant op.'

Achteraf bel ik even met de bevelvoerder van het voertuig. 'We hebben hem met de dremel* losgekregen', zegt hij grinnikend. 'Die man was als de dood dat we met een enorme kettingzaag zouden komen.'

VAKANTIE

Gerard / België / maandagochtend 11.30 uur

'Hé Gerard.'
Ik kijk om en zie tot mijn verbazing mijn collega Arie staan.
'Joh, wat doe jij hier nou?'
'Hetzelfde als jij.' Hij gebaart naar het tankstation achter zich.
'Jullie ook op weg naar Frankrijk?'
Ik knik en grinnik. 'Je komt die brandweermensen ook overal tegen.'
We maken een praatje en dan stap ik weer in de auto. Als ik wegrijd toeter ik nog even. Ik wist dat mijn collega Arie tegelijk met mij op vakantie ging, maar ik wist niet dat hij ook naar Frankrijk ging. En dat ik hem hier bij de grens met België tegenkom, is natuurlijk helemaal toevallig.
'Was dat Arie?' vraagt Els, mijn vrouw.
Ik knik. 'Die gaat naar Les Landes.' Zelf zijn we op weg naar de Dordogne. We doen rustig aan, ik wil het stuk in twee dagen rijden. Met twee kinderen op de achterbank vind ik duizend kilometer op één dag net even te veel.
We passeren de grens en zetten koers richting het zuiden. Ik rijd op de linkerbaan achter een klein, rood autootje. Terwijl ik wat zit

te mijmeren over de vakantie die voor ons ligt, begint het wagentje ineens te slingeren. Meteen klem ik mijn beide handen om het stuur en rem hard. Het autootje slaat over de kop en klapt tegen de vangrail, ik kom vlak erachter tot stilstand.

Ik duik onder mijn stoel en pak een paar handschoenen en een breekijzer. Die spullen liggen altijd in de auto, zodat ik bij een ongeluk in elk geval íéts kan doen.

'Wat ga je doen?' vraagt Els, die haar geschrokken blik losmaakt van de auto.

'Ik kan beter gaan helpen. We kunnen er toch niet langs.' Ik werp een blik op de kinderen op de achterbank.

'Ik leid ze wel af', zegt Els.

Ik stap uit en ren naar de gecrashte auto. Diverse mensen zijn uitgestapt, ik zie iemand bij een praatpaal staan om hulpdiensten op te roepen. Bij de auto werp ik een eerste blik naar binnen en zie drie vrouwen, helemaal onder het bloed. De vrouwen zitten nog in de gordels. Ik roep, maar krijg geen antwoord.

Er komt een vrachtwagenchauffeur aan. Hij ziet wat ik zie en loopt weg, om nog geen halve minuut later terug te keren met een mes. Ik aarzel. Als ik de gordels doorsnijd vallen de vrouwen naar beneden, op hun hoofd. In mijn eentje kan ik ze niet veilig uit de auto halen.

Er klinkt een bekende stem achter me. 'Handje, Gerard?'

Ik voel opluchting. 'Graag, Arie.'

Zo goed en zo kwaad als het gaat, proberen we de vrouwen enigszins te stabiliseren, terwijl we de gordels intact laten. Het enige wat we nu kunnen doen, is ergere schade voorkomen totdat de hulpdiensten er zijn.

Gelukkig hoor ik een paar minuten later sirenes. Er komt een ambulance aan, meteen gevolgd door een politieauto en een brandweerwagen. Snel deel ik mijn bevindingen mee aan de hulpverleners en daarna gaan Arie en ik op weg naar onze auto's. We kunnen hier niet veel meer doen en bovendien zitten onze gezinnen te wachten.

'Ik ga zo maar even schone kleren zoeken', zegt Arie. 'Gelukkig weet ik waar ze liggen.'

Ik kijk naar hem en daarna naar mezelf. We zien eruit alsof we net zelf een ongeluk hebben gehad, zoveel bloed zit er op onze armen en onze kleren.

'Ik wou dat ik hetzelfde kon zeggen.' Onze auto zit tot de nok toe volgestouwd met de tent, kleren voor het hele gezin, speelgoed en eten. Ik voel er weinig voor om mijn tas te gaan zoeken.

Als ik in de auto stap, kijkt Els me geschrokken aan. 'Zelfs op je gezicht zit bloed.'

Ook de kinderen kijken wat angstig.

'Niks aan de hand, jongens', zeg ik geruststellend. 'Ik mankeer niks.'

Ik start de motor en stuur de auto om het ongeluk heen.

'Misschien moet je toch maar even het bloed wegwassen', zegt Els. 'Want om nou zo naar Frankrijk te rijden...'

Ik knik en neem de eerste afslag die ik tegenkom. We komen terecht in een dorpje. Ik besluit de borden 'station' te volgen, want daar zal vast een openbaar toilet zijn.

'Kom jongens, we gaan een ijsje halen', zegt Els tegen de kinderen. Zelf stap ik uit en loop het stationsgebouw binnen. Ik doe alsof ik de bevreemde blikken van voorbijgangers niet opmerk.

In de toiletruimte zie ik zelf pas hoe ik eruitzie. Mijn armen zitten onder het opgedroogde bloed, net als mijn overhemd. Op mijn gezicht zitten vegen. Als ik niet beter wist, zou ik zeggen dat ik net een moord had gepleegd. Ik trek mijn shirt uit en gooi het in de prullenbak. Daarna draai ik de kraan open en was het ergste bloed weg.

De deur gaat open en ineens staan er twee agenten in de ruimte.

'Bonjour', groeten ze beleefd. Ik knik terug en ga verder met waar ik mee bezig ben, maar de agenten posteren zich aan weerszijden van mij.

'Eh... ça va?' vraag ik. Ik spreek een paar woorden Frans, maar daar houdt het wel mee op.

De oudste van de twee mannen begint te praten. Ik doe mijn best hem precies te verstaan, maar dat lukt niet echt. De strekking van zijn vraag begrijp ik echter wel: hij wil weten waarom ik er zo uitzie. Blijkbaar heeft een voorbijganger de politie gewaarschuwd.

'Accident', zeg ik. 'J'ai eh... aidé.'

De agent gelooft me niet, zie ik. 'Un accident?'

'Oui, dans l'autoroute. Je suis un pompier.' Ik maak ook nog duidelijk dat mijn vrouw buiten staat en dat zij veel beter Frans spreekt.

De agent trekt zijn wenkbrauwen op. 'Votre femme?'

'Oui.' Ik gebaar het tweetal met me mee te lopen. Els kijkt verwonderd als ze ons aan ziet komen. Snel vertel ik haar wat er aan de hand is. Els neemt het woord en legt uit wat er is gebeurd. De agenten hebben duidelijk moeite het verhaal te geloven en willen dat ik meega naar het bureau, maar daar voel ik weinig voor. Ik wil gewoon verder rijden, maar vooralsnog is dat niet aan de orde.

Een van de agenten loopt weg om te gaan bellen. De andere maakt duidelijk dat hij gaat checken of er inderdaad een ongeluk is gebeurd op de plek die ik heb genoemd en of ik echt brandweerman van beroep ben. Gelaten wacht ik af. Het duurt even, maar dan besluiten de mannen blijkbaar om mijn verhaal te geloven. Ze wensen ons nog een prettige dag en verdwijnen weer. Ik haal toch een beetje opgelucht adem.

'Kom jongens, we gaan', zeg ik tegen de kinderen.

'Moet je geen shirt?' vraagt Els.

Ik schud mijn hoofd. 'Zo kan het ook wel. Ik wil nu vooral verder.'

We stappen in de auto en even later zijn we weer op weg. Ik volg de borden richting Frankrijk. Vakantie...

BOMMETJE

Marcel / Assen / vrijdagochtend 10.12 uur

'LATEN WE MAAR EEN autobergingskraan bellen', zegt mijn bevelvoerder, terwijl hij zijn portofoon pakt. 'Dit gaat niet werken.'
 Ik kijk over de rand van de kade en zie de duikers in het water liggen. Ze hebben net met veel moeite een koe gevangen, die vanuit het hiertegenover gelegen weiland in het water is gevallen. Met de brandweerauto's kunnen we niet in het weiland komen en de kade waarop we nu staan is metershoog. Het is, kortom, een lastige operatie.
 En nu blijkt onze eigen kraan er niet bij te kunnen.
 De meldkamer belooft de autoberger op te roepen en inderdaad, een kwartiertje later komt er een grote, gele bergingsauto aanrijden. De chauffeur parkeert het voertuig op de kade en stapt uit.
 'Zeg het maar', zegt hij tegen de bevelvoerder. 'Wat kan ik doen?'
 Beneden, in het water, gaan de duikers aan de slag om de koe in een harnas te krijgen. Er worden banden onder de buik van het dier door gehaald, die bovenaan bij elkaar komen in een lus. Die lus wordt straks bevestigd aan de kraan en dan is het een kwestie van takelen. De koe zal metershoog de lucht in moeten, maar het harnas is stevig, dus dat moet geen probleem zijn.

Het probleem is alleen dat de koe niet van plan is om mee te werken. De duikers hebben grote moeite de banden onder de buik door te halen. Het dier verzet zich hevig, schopt om zich heen en probeert weg te zwemmen. Het is een jonkie, zie ik, met een hoop bravoure. Bovendien is ze bang.

'Nou, nou... Dat wordt nog lastig.'

Naast me op de kade staat de eigenaar van de koe: een oud mannetje, een paar koppen kleiner dan ik, oude kleren aan en groene laarzen aan zijn voeten. Als hij praat, zie ik dat hij maar één tand heeft.

De duikers moeten zich in het zweet werken, maar uiteindelijk lukt het om de koe vast te zetten in het harnas. Er gaat nog een extra touw omheen en dan gebaren ze naar de kraanmachinist dat hij kan gaan takelen. Allemaal kijken we gespannen toe hoe het dier uit het water wordt gelift.

De eerste meter gaat goed. Er gaat opluchting door de groep. 'Mooi', hoor ik de bevelvoerder zeggen. 'Dan kunnen we...'

Hij is nog niet uitgesproken of de koe begint te glijden. Het is maar goed dat de duikers een eindje uit de buurt zijn gezwommen, want met een grote plons valt het beest in het water. Even is de koe weg, dan komt ze snuivend boven. Meteen gaan de duikers weer op het dier af.

Naast me aanschouwt het oude mannetje het allemaal zonder veel sjoege. 'Tja', zegt hij uiteindelijk droog, terwijl er een grijns om zijn mond speelt. 'Ik zei nog zo: geen bommetje.'

Even staar ik hem aan, dan moet ik ontzettend lachen.

Gelukkig slaagt poging twee wel. Twintig minuten later staat de koe alsnog op de kant. Aan het halster neemt de boer het dier mee. Ik kijk hem na en grinnik nog steeds.

BUURMAN

Anka / Groningen / woensdagavond 21.25 uur

'Het slachtoffer is een man van rond de vijftig', geeft de meldkamer door terwijl we op weg zijn naar een woningbrand in het centrum van de stad. 'Volgens de melder is hij gehandicapt.'
'Geestelijk of lichamelijk?' vraag ik.
'Beide, maar vooral lichamelijk.'
'Waar bevindt hij zich?'
'In de badkamer. De melder is zijn bovenbuurman. Die heeft hem naar eigen zeggen onder de douche gezet en is daarna in zijn eigen appartement gaan bellen.'
We gaan op pad met prio 1. Het is niet moeilijk om te zien waar we moeten zijn. Als we de straat in rijden, zien we de rookpluimen al uit de gesprongen ramen komen. Zodra de auto stilstaat, springen we eruit en met z'n vijven hollen we de trap op. In het appartement op de eerste etage is het donker van de rook. Terwijl twee man uit de ploeg gaan blussen, ga ik met twee anderen op zoek naar het slachtoffer.
Vanuit de woonkamer komen we in een halletje. Op goed geluk open ik een deur: de badkamer. De rook is hier minder dik en ik zie een man onder de douche zitten. Hij kijkt onze richting uit, maar

echt bij kennis is hij niet. Zijn kleren zijn zo goed als verdwenen en zijn huid is ernstig verbrand. We tillen hem op, hij weegt niet veel. Voorzichtig dragen we hem naar beneden en leggen hem op de brancard. In de blik van de ambulanceverpleegkundige lees ik mijn eigen gevoel terug: dit gaat heel moeilijk worden.

Terwijl de ambulance met loeiende sirenes de straat uit rijdt, komt er een man van een jaar of vijftig het pand uit rennen.

'O nee, o nee!' Hij slaat zijn handen voor zijn gezicht en begint te huilen.

Ik stap op hem af. 'Bent u de buurman die het alarmnummer heeft gebeld?'

Hij knikt en kijkt me ontzet aan. 'Is hij dood?'

'De ambulance brengt hem nu naar het ziekenhuis', antwoord ik. 'Daar gaan ze hun uiterste best voor hem doen.' Ik neem de man mee naar de brandweerauto en laat hem plaatsnemen. Hij ziet er enorm aangeslagen uit.

'Hij zou bij mij voetbal komen kijken', begint hij te vertellen. 'Dat deed hij wel vaker. Hij was alleen, snap je. We waren een soort van vrienden geworden. Maar het duurde zo lang voordat hij naar mij toe kwam, dus ik dacht: ik ga even kijken. En toen...' Weer slaat hij zijn handen voor zijn gezicht. Het duurt even voordat hij verder kan praten. 'Toen stond ineens die hele kamer vol rook en hij stond in brand en...' De man schudt zijn hoofd. 'Toen heb ik hem onder de douche gezet, maar hij reageerde al helemaal niet meer.'

'Je hebt goed gehandeld', probeer ik hem gerust te stellen. 'Bij brandwonden is water het belangrijkste.'

Hij knikt, maar kijkt wat verdwaasd voor zich uit. Ik heb echt met hem te doen.

Een paar dagen later spreek ik een kennis die in dezelfde straat woont. 'Die verbrande man is overleden', weet hij. 'En weet je wat ik hoorde over zijn buurman?'

Ik schud mijn hoofd. 'Wat is er dan?'

'Het gerucht gaat dat hij is opgepakt, omdat de politie hem ervan verdenkt dat hij zijn buurman zelf in brand heeft gestoken.'

NIEUWE KEUKEN

Gerard / Rotterdam / maandagavond 23.35 uur

WE ZIJN OP WEG naar een melding van 'een vreemd geluid achter een keuken'. Dat kan van alles betekenen: een probleem met een leiding, ongedierte, een afvoer waar iets mee is. Omdat het potentieel gevaarlijk kan zijn, zijn wij op pad gestuurd.

Even later staan we met vijf man in de bewuste keuken. 'Die ziet er nieuw uit', zeg ik tegen de bewoner.

'Vandaag geplaatst', antwoordt de man. 'We hebben gisteren de oude keuken afgebroken en vanochtend was de monteur hier. En nu horen we dus een vreemd geluid. Nooit eerder last van gehad.'

Ik hoor het ook. Het lijkt nog het meest op het gemiauw van een kat, maar dat lijkt me sterk. Ik steek mijn hoofd in een van de nieuwe keukenkastjes, die gelukkig nog niet zijn ingericht. Het geluid klinkt hier harder.

Ik trek mijn hoofd terug en overleg met mijn collega's. We luisteren in de andere kastjes. Er zit echt iets achter.

'Heeft u eigenlijk een kat?' vraag ik aan de bewoner, maar die schudt zijn hoofd.

We luisteren nog een keer, overleggen opnieuw, maar moeten dan toch tot de conclusie komen dat er maar één ding op zit.

De bewoner kijkt me *not amused* aan als ik het meedeel. 'Eruit?'

'Nou ja, een deel wel. We gaan het natuurlijk zo voorzichtig mogelijk doen.'

Maar voorzichtig of niet, we ontkomen er niet aan om een aanzienlijk deel van de nieuwe kastjes open te breken tot we uiteindelijk de boosdoener uit een hoek tevoorschijn toveren.

'Die is van de buren', zegt de bewoner verbijsterd als mijn collega een doodsbange lapjeskat in zijn handen houdt. 'Hoe komt die daar nou?'

Dat weet ik ook niet, maar ik denk dat het beestje per ongeluk achter een kastje verzeild is geraakt toen de monteur even niet oplette, en dat hij daarna zo bang is geworden van het getimmer dat hij zich zo stil mogelijk heeft gehouden.

'En nu?' vraagt de bewoner met een blik op de opengebroken keukenkastjes.

Tja, dat weet ik ook niet. Wij wensen hem er succes mee en stappen weer in de auto. Ik vermoed dat hem een goed gesprek met de buren wacht.

VERMIST

Roel / Haghorst / zondagochtend 9.30 uur

'DE BESTE WENSEN, HÈ.' Ik geef mijn collega Thom een hand als hij de kantine van de kazerne binnenkomt. 'Koffie?'

Hij knikt en gaat zitten. 'Jij ook de beste wensen, Roel. Leuke jaarwisseling gehad?'

Ik knik en schenk voor ons allebei koffie in. 'Jij nog, Klaas?' vraag ik aan de clustercommandant die ook aan tafel zit, maar hij schudt zijn hoofd.

'Prima jaarwisseling', antwoord ik dan. 'We hebben het rustig aan gedaan en... O.' Het geluid van de pieper onderbreekt me. Meteen grijp ik naar mijn broekzak. Mijn pieper is de enige die afgaat, wat betekent dat het gaat om een OvD-melding en niet om een oproep voor het korps Oisterwijk.

Waterongeval, zie ik in het scherm. Ik meld me in en heb contact met een centralist van de meldkamer brandweer. 'Het gaat om een vermissing', laat hij me weten. 'In Haghorst is aan het begin van de nacht een jongen verdwenen en de kans is aanwezig dat hij in het water ligt. De politie heeft gevraagd of de brandweer kan helpen zoeken.'

Ik slik even. Bij drenkelingen geldt het 'gouden uur': het eerste uur heeft iemand nog kans, daarna eigenlijk niet meer. Die tijd is allang verstreken.

'De duikers zijn ook gealarmeerd', laat de centralist nog weten. Bij een melding voor de duikers wordt ook standaard het oppervlaktereddingsteam meegestuurd, evenals een ambulance en politie. Omdat het dan een grote inzet wordt die om coördinatie vraagt, is de aanwezigheid van een OvD gebruikelijk.

'Oké, ik ga ter plaatse', zeg ik, waarna ik de verbinding verbreek. Ik zeg Klaas en Thom gedag en stap in de auto.

Onderweg bereid ik me in gedachten voor. Sinds gisteren, met ingang van het nieuwe jaar, telt de regio nog maar één duikteam in plaats van drie. Dat duikteam moet zich richten op redden van slachtoffers onder water. Bevindt het slachtoffer zich boven het wateroppervlak, dan gaat er een oppervlaktereddingsteam op pad. Deze teams zijn strategisch geplaatst door de regio en zijn snel inzetbaar door hun korte rijafstand. Feitelijk gaat het om een tankautospuit met de normale bemanning, uitgerust met speciale zwempakken en materieel. Dit team kan boven water zoekslagen maken en tot tweehonderd meter uit de kant een slachtoffer uit het water halen.

Dat is vandaag niet aan de orde. Maar ook gaat het vandaag niet om redding, als ik het goed begrijp. Het gouden uur is immers verstreken. Dat zou betekenen dat het duikteam niet ingezet zou worden, maar de praktijk is altijd weerbarstiger dan de theorie.

Ik heb contact met de meldkamer. De negentienjarige jongen om wie het gaat, is vannacht rond een uur of één vanuit het café op weg gegaan naar huis, maar daar is hij nooit aangekomen. Tussen het café en zijn huis is een brug met een sluis en het vermoeden is dat hij in het water is gevallen.

Ter plaatse is al een behoorlijke oploop ontstaan. De tankautospuit van het korps Diessen is er, en ook diverse politieauto's. Haghorst is een kleine gemeenschap en steeds meer dorpsgenoten komen naar de waterkant. Het kanaal waar de jongen, Bram, mogelijk in ligt is een meter of twintig breed. Het is koud, maar er ligt geen ijs op het water.

'Hij is nog gezien op camerabeelden van het café naast de kroeg waar hij was', praat de OvD van de politie me bij. 'Dat was rond één uur vannacht. Sindsdien is er niks van hem vernomen. Zijn telefoon staat uit. Het is geen jongen die zomaar zou weglopen, zeggen zijn ouders en zijn vrienden.' Hij wijst naar het water achter hem. 'Onderweg naar huis is hij hierlangs gekomen en het vermoeden bestaat dus dat hij in het water is gevallen.'

De politie is met veel mensen aanwezig op de kant. Er is ook een politieboot onderweg, begrijp ik, plus een sonarboot van Rijkswaterstaat, maar het gaat nog wel even duren voor die er is.

Vanaf de brug kijk ik naar beneden. Aan de ene kant ervan is een sluis, aan de andere een stuw. Dat zorgt voor een gevaarlijke stroming. De duikers kunnen er op deze plek in elk geval niet in, dat is veel te link.

Er komt een vrij jonge man naar me toe. Hij stelt zich voor als de burgermeester en laat weten dat hij ter plaatse zal blijven. Hij vraagt om hem op de hoogte te houden. Inmiddels zijn ook de duikers gearriveerd. Bas, de duikploegleider, komt naar me toe en ik praat hem bij over de situatie.

'Bij de stuw kun je nu niet zoeken', zeg ik. 'Daar is de stroming te sterk. Maar verderop kun je het water wel in.'

Bas kijkt nadenkend. Hij hoeft niks te zeggen, ik snap zo ook wel waar hij mee zit. Het kanaal is breed, het gebied waar Bram kan liggen is uitgestrekt. We weten niet aan welke kant van de brug hij te water is geraakt, áls hij te water is geraakt, en bovendien kan de stroming hem een heel eind hebben meegenomen. Het is zoeken naar een speld in een hooiberg en de vraag is of het enige duikteam in de wijde regio daarvoor buiten dienst kan gaan. Want als de duikers hier gaan zoeken, zijn ze niet inzetbaar voor reddingsacties elders. Dan moet er een team vanuit een andere regio komen, met meer aanrijtijd.

Toch vind ik dat we het moeten doen. Dat we in elk geval enige tijd moeten gaan zoeken. Het duurt nog uren voordat de sonarboot hier is. Al zullen we Bram hoogstwaarschijnlijk niet meer levend uit het water halen, als we de tijd waarin zijn ouders – en eigenlijk het hele dorp – in onzekerheid zitten kunnen verkorten, is dat veel waard.

'Oké', knikt Bas. 'Dan doen we het zo: we gaan buiten dienst als de duikers in het water liggen, maar zodra ze eruit zijn, meld ik ons weer inzetbaar. Dat kan betekenen dat we dan ineens weg worden geroepen.'

Ik knik. Vanaf de brug kijk ik toe hoe de duikers het water in gaan. Op de walkant staan een paar honderd man. De bevelvoerder van Diessen komt naar me toe.

'We kunnen niet zoveel doen vanaf de kant', zegt hij. 'Waar we konden zoeken zijn we klaar. Zonder boot kunnen we eigenlijk niet zoveel meer uitrichten.'

Ik denk even na. 'Misschien kunnen jullie de boot van de duikers gebruiken?'

Even later is het geregeld. De manschappen van Diessen stappen in het bootje en gaan op het kanaal zoeken met dreglijnen. Mijn blik valt op de gezichten van de brandweermannen. De uitdrukking erop raakt me. Het is geen angst, maar ik zie de intense spanning, de schrik als de dreglijn even hapert, het bewustzijn dat ze elk moment de jongen zouden kunnen vinden. Deze impact, daar had ik nog niet over nagedacht. Het is alsof ik me nu pas echt realiseer dat we hier met heftige dingen bezig zijn.

Ik bel de teamleider van het korps Diessen. 'Misschien is het goed als je even ter plaatse komt. Ik denk dat dit impact gaat hebben op de ploeg.'

Hij belooft meteen in de auto te stappen. Er meldt zich iemand uit het dorp, het blijkt de voorzitter van de voetbalclub te zijn. Een doortastende man die, samen met een hele groep dorpsbewoners, graag iets wil betekenen.

Ik overleg met de burgemeester en de politie. Het is weliswaar zeer waarschijnlijk dat Bram in het water ligt, maar toch is het goed als er ook in de omgeving verder wordt gezocht.
'Dat gaan wij doen', belooft de voorzitter. Er staan honderden mensen op de kant. Geholpen door de politie maakt de man groepen, die elk op een andere plek gaan zoeken: de walkanten, de zandpaden, de weilanden en bossen in de omgeving. Ondanks de triestheid van de situatie heeft het ook iets moois om te zien hoe een heel dorp zich mobiliseert.
Rijkswaterstaat arriveert met de sonarboot, er komt een arrestatieteam omdat zij speciaal opgeleide zoekhonden hebben. Ondertussen bestaat ook de hypothese dat de jongen onder water door de druk van de stroming tegen de stuw aan wordt gedrukt.
'Dat is mogelijk', zegt de duikploegleider als ik het met hem bespreek. 'Maar wij kunnen daar niet bij komen zolang de stuw aanstaat.'
Het is ook logisch, de stroming is te sterk en het water valt naar beneden. Ik roep de medewerker van Rijkswaterstaat erbij en leg uit wat wij nog als een mogelijkheid beschouwen. 'Is het mogelijk om de stuw uit te zetten, zodat de duikers daar veilig kunnen zoeken?'
Hij denkt na. 'Helemaal uitzetten wordt lastig, dan gaat het waterpeil elders te ver stijgen. Maar we kunnen wel de sluizen in de omgeving tijdelijk aanpassen, zodat het water hier zakt. Dan is de stroming ook minder sterk.'
Ik kijk de duikploegleider aan. Die knikt langzaam. 'Dan kunnen wij er wel in, maar het is niet helemaal zonder risico.'
Elke inzet, van welke ploeg dan ook, heeft risico's. Dat is voor de duikers niet anders. Het is een aanvaardbaar risico dat we indammen met veiligheidsmaatregelen, maar dat we uiteindelijk bereid zijn te nemen om onze taak – het redden van mens en dier – te kunnen uitvoeren. Alleen schuilt in dat laatste nu een dilemma. Zijn wij hier nog wel bezig met een reddingsactie? Natuurlijk wil-

len we Bram vinden, dat staat buiten kijf. Maar als we eerlijk zijn, weten we allemaal dat er nu, halverwege de middag, geen kans is dat we hem levend uit het water halen.

Ik bel de Hoofdofficier van Dienst en leg hem de situatie voor. 'Gevoelsmatig vind ik het een acceptabel risico', geef ik mijn mening. 'Maar ik wil graag je mening horen.'

De Hoofdofficier vindt het lastig. Hij is het met me eens dat het risico niet immens groot is, maar ook dat de situatie anders is dan beschreven in de theorieboeken.

'Ik ga overleggen', zegt hij uiteindelijk. Tien minuten later belt hij terug: de regionaal commandant geeft toestemming. Ik roep de duikploegleider weer bij me, maar net op dat moment komt de medewerker van Rijkswaterstaat op me af. Hij heeft nieuws.

'We hebben al zicht gehad op de plek', zegt hij. 'Door het laten zakken van het waterpeil konden we vanaf de boot al zien dat er niks lag.'

Dat verandert de zaak natuurlijk. 'Weet je het zeker?' vraag ik.

Hij knikt. 'Ik sluit echt uit dat hij er ligt.'

'Oké.' Ik kijk de duikploegleider aan. 'Dan moeten we het niet doen.'

Hij is het met me eens. De vraag is alleen: hoe gaan we verder? We overleggen in de ondersteuningscontainer, ook de burgemeester en de OvD van de politie schuiven aan. We moeten een plan maken voor het verdere verloop van de zoekactie. Het loopt al tegen vijven en het wordt donker.

'Ik denk dat we voor vandaag moeten stoppen', zeg ik. 'Als het donker wordt, zijn er weer andere risico's, vooral voor de duikers.'

De anderen knikken. We spreken af dat we morgenochtend verdergaan, met de politiehonden en een sonarboot van de politie. De teamleider van het korps Diessen zegt meteen dat zijn mensen er ook weer bij zullen zijn. Puur in theorie zou de brandweer op dag twee van een zoekactie niet meer worden ingezet, maar het hele team van Diessen wil zelf door. Sommigen kennen de jongen persoonlijk, ze willen allemaal hun steentje bijdragen om hem te vinden. 'Morgen als het licht is gaan we verder', beslis ik uiteindelijk. 'Bedankt allemaal voor vandaag.'

Het voelt raar om weg te gaan. Thuis kan ik de zoekactie niet goed loslaten. Allerlei opties komen in mijn hoofd op, allemaal verwerp ik ze weer. De volgende ochtend ben ik al vroeg weer op pad. We zoeken door, maar vinden niks. Ook de dagen erop ben ik veel in Haghorst. De coördinatie ligt nu meer in handen van de politie, maar ik blijf wel betrokken. Ik vaar mee met de sonarboot van de politie en ben verbaasd over de heldere kwaliteit van het beeld. In de korte tijd dat ik OvD ben, ben ik niet eerder betrokken geweest bij een inzet met een sonarboot. Ook nieuw voor mij zijn de zogenoemde Signi*-honden, honden die zo getraind zijn dat ze vanaf een bootje met hun neus net boven het wateroppervlak een dagen of zelfs weken oud geurspoor kunnen oppikken. De eigenaars van de honden zijn vrijwilligers die overal in het land hun hulp aanbieden bij zoekacties naar vermiste personen.

Maar ook de honden vinden niks. De betrokkenheid uit het dorp blijft onverminderd groot. De voorzitter van de voetbalclub coördineert de grootschalige zoekactie op het land. Dag en nacht wordt er gezocht. Ook de oploop van de media is na dagen nog niet verminderd. De burgemeester wil een persconferentie geven om duidelijkheid te geven over wat we tot nu toe hebben gedaan. We hebben de woordvoering aan de politie overgelaten, maar als de burgemeester vraagt of ik vanuit de brandweer een toelichting wil geven stem ik, na overleg met de clustercommandant, in.

De persconferentie wordt gehouden in het café waar Bram de avond doorbracht voordat hij verdween. Ik kan amper naar binnen, zo vol zit het. Het hele dorp is er, net als veel lokale, regionale en landelijke media. Er is een podium met daarop een tafel. Ik zie drie microfoons met bordjes: burgemeester, politie, brandweer. Een beetje nerveus kijk ik de zaal in. Ik zie de familie van Bram, zijn vrienden. De burgemeester begint. Hij vertelt in het algemeen hoe de zoekactie de afgelopen dagen is verlopen en geeft dan het woord aan mij. Ik probeer me zoveel mogelijk bij de feiten te houden: wat we tot nu toe hebben gedaan en waarom. Ik leg uit welke technieken we hebben gebruikt, wat zoekslagen zijn en wat de duikers precies hebben gedaan.

Er komen vragen. Is er een kans dat Bram nog in leven is? Hoelang kan iemand precies overleven in het water? Dat hij nog niet is gevonden, kan dat betekenen dat hij helemaal niet in het water ligt? Als hij wel in het water ligt, hoe werkt het dan met de stroming? Welke kant is hij dan op gedreven, en hoe ver kan hij worden meegevoerd?

Ik krijg het warm. Op het gebied van de technische vragen ben ik geen expert, leg ik uit. Ondertussen bedenk ik dat ik graag de duikploegleider of iemand van Rijkswaterstaat naast me gehad zou hebben, die hier meer verstand van heeft. Ook de vraag of er nog kans is, vind ik lastig te beantwoorden. Het eerlijke antwoord is: nee, niet als hij in het water ligt. Maar ik vind het moeilijk om dat glashard te zeggen. 'Het lichaam' dat we zoeken, is allang niet meer 'het lichaam'. Het is Bram, negentien jaar, lid van de voetbalclub, zoon en broer, druk sociaal leven, geliefd bij zijn vrienden. Zijn familie zit in de zaal. Ik vind het moeilijk om een technisch verhaal te houden over het gouden uur en hoe verdrinking in z'n werk gaat. Het is voor een hulpverlener belangrijk om afstand te houden, maar in dit geval is dat moeilijk. Ik ben ook een mens.

De volgende dag gaat de zoekactie door, een dag later zit mijn dienst als OvD erop. Mijn collega neemt het over. Ik kan de inzet maar moeilijk loslaten. Thuis volg ik het nieuws op de voet. Het voelt vreemd om er niet bij te zijn. Dan krijg ik het nieuws dat er iets is gevonden. Een hond van Signi heeft een spoor opgepikt, de politie heeft iets gezien op de sonar. Politieduikers willen te water gaan, maar dan blijkt het lichaam ineens verdwenen, waarschijnlijk door de stroming. Even later wordt het echter opnieuw gezien.

Ik ben thuis en ik ben rusteloos. Het gekke is: ik ben getraind voor vreselijke incidenten. Dat is mijn werk en dat kan heftig zijn, maar in zulke gevallen weet ik wat ik moet doen. Nu voel ik me onthand. Technisch gezien is de zoekactie geen ingewikkelde inzet geweest, maar emotioneel ligt dat anders. Ik wil erheen, heb het gevoel dat ik erbij moet zijn. Ik bel mijn collega-OvD, die het me afraadt, juist om het emotionele aspect nu niet de overhand te laten nemen. Ik volg zijn advies, maar het voelt dubbel. Zeker als ik even later hoor dat het team van Diessen, met wie ik de hele week heb gewerkt, het lichaam uit het water heeft gehaald.

Ik praat erover met mijn vrouw, die psycholoog is. Ernstige ongevallen met dodelijke afloop zijn onderdeel van mijn werk, net als mensen die ervoor kiezen een einde aan hun leven te maken. Ik probeer dan gezonde zakelijkheid te betrachten: ik had die mensen niet kunnen redden. Dat geldt voor Bram ook, maar toch voelt dit anders. Oneerlijk, en onmachtig. Wij hebben duikers, boten, apparatuur – ik had gewild dat we hem sneller hadden gevonden, ik had zijn familie die slopende dagen van onzekerheid zo graag willen besparen. Daar heb ik moeite mee, al weet ik rationeel gezien dat we alles hebben gedaan wat in onze macht lag.

Ruim een jaar later. Het is carnaval en een jonge vrouw die ik ken uit het dorp, komt bij me staan. Ze heeft twee glazen bier in haar hand en overhandigt mij er eentje. Daarna heft ze haar eigen glas. 'Dank je wel voor wat je voor Bram hebt gedaan.'

Ik trek mijn wenkbrauwen op.

'Ik ben zijn nichtje', verduidelijkt ze. 'Ik ben destijds ook bij de zoekactie geweest.'

Ook al is het een jaar geleden, de actie staat me nog steeds helder voor de geest. 'Dat waren heftige dagen', knik ik.

'Ja, maar het was ook fijn dat er zoveel mensen aan het zoeken waren. Ik ben blij met wat je voor Bram hebt gedaan.' Ze heft haar glas opnieuw. 'Op Bram.'

Ik volg haar voorbeeld. 'Op Bram.'

GIPS

Eelco / Rotterdam / maandagmiddag 15.33 uur

'Mooie wagen.' Ik leg mijn hand op het hagelnieuwe blik van de tankautospuit. De auto is nog maar net in gebruik en omdat ik benieuwd ben naar de ervaringen, ben ik tijdens mijn OvD-dienst naar een van de kazernes in de stad gegaan.

De dienstdoende bevelvoerder van de kazerne knikt. 'Het is wel even wennen, maar...'

Het geluid van mijn pieper onderbreekt hem. Ik kijk op het schermpje. *Hulpverlening persoon*. Er staat een adres in het centrum bij.

Deze melding kan zo'n beetje alles betekenen. Ik zeg de bevelvoerder gedag, loop naar mijn auto en meld me in.

'Er zit iemand vast in het gips', geeft de centralist door.

Ik frons. Op de opleiding leer je om bij een melding meteen in scenario's te denken, maar hier kan ik vrij weinig mee. De centralist weet er ook het fijne niet van. Terwijl ik naar het opgegeven adres rijd, zie ik iemand voor me die zichzelf met gips heeft omwikkeld. Iemand met een vreemde hobby? Bij de brandweer kom je op dat gebied van alles tegen.

Op het opgegeven plein parkeer ik mijn auto achter de al gearriveerde tankautospuit. Ik stap uit, het is koud buiten. De politie is er

ook al, net als een ambulance. Midden op het plein staat een groot wit blok. Ik schat het blok zo'n drie meter lang en één meter breed. Op een afstandje staat een groepje jonge mensen toe te kijken.
Ik loop naar de bevelvoerder.
'Wat is er aan de hand?'
Hij gebaart richting het blok, waar de ploeg al bezig is met hydraulisch gereedschap. 'Daar zit iemand in.'
Ik frons. 'Hoe bedoel je?'
'Er zit een jonge vrouw in dat blok gips. Ze ligt in een houten kist en haar medestudenten hebben er gips overheen gestort.'
Ik kijk naar het groepje verderop. Ze staan er wat bedremmeld bij. 'Hebben we contact met haar?'
'Ja, ze heeft een telefoon bij zich. Daarmee heeft ze zelf 112 gebeld. Ze is in paniek, want het is warm en ze ligt met haar voeten bij de luchtpijp in plaats van met haar hoofd.'
'Oké.' Ik knijp mijn ogen samen. Ik begrijp werkelijk niet hoe iemand in een blok met gips terecht kan komen, maar dat is van later zorg. Veel verse lucht zal er niet zijn in de kist, dus we moeten voortmaken. Samen met de bevelvoerder maak ik een plan van aanpak. De ploeg is al bezig, maar het gips is keihard en het schiet niet op. Ik alarmeer een hulpverleningsvoertuig met zwaarder en groter gereedschap aan boord. Binnen een paar minuten is het ter plaatse.
'Hier, kun jij even met haar praten?' Een ambulancemedewerker duwt een mobiele telefoon in mijn handen.
'Hallo?' zeg ik.
'Help me!' De vrouw is heel erg in paniek. 'Ik wil eruit! Het is hier heel warm en ik heb het benauwd.'
'We zijn bezig', probeer ik haar gerust te stellen. 'We komen eraan.'
'Maar hoelang duurt het dan nog?'
Dat weet ik ook niet precies. Gips heeft de neiging heel snel heel hard te worden en dit gips is al een paar uur aan het drogen. Met

de slijpschijf maakt de brandweerploeg een sleuf. Het gips vliegt in het rond. Er wordt een spreider in de sleuf gezet en langzaam wordt het gips opengebroken.

'Hoelang nog?' vraagt de bange vrouw.

'We komen eraan', herhaal ik nog maar weer eens. 'We doen ons best.'

Uiteindelijk breekt met een hoop gekraak het blok doormidden. De resten worden weggehakt. De houten kist laat zich zo kapotbreken en dan wordt de hevig geschrokken studente uit haar benarde situatie bevrijd. De ambulancemedewerkers onderzoeken haar, ze lijkt op het eerste gezicht in orde.

De OvD van de politie is *not amused*. Wat hij heeft begrepen is dat het allemaal een kunstproject is, een eindexamenopdracht voor school. De jonge vrouw is in de houten kist gaan liggen en daarna hebben haar medestudenten er gips omheen gewikkeld. De bedoeling was dat zij voorbijgangers zouden vragen om met een beitel een stukje gips weg te tikken tot de vrouw bevrijd zou zijn, wat dan een wedergeboorte moest symboliseren. Het probleem is alleen dat het gips veel sneller hard werd dan zij hadden bedacht. Met een simpel beiteltje iedere keer een stukje gips wegtikken zou betekenen dat je dagenlang bezig bent in plaats van de paar uur die de vrouw had bedacht. Daar komt bij dat het plein waar ze het hele project gingen uitvoeren, na zes uur 's avonds uitgestorven is.

De studente had weliswaar verzonnen dat er een pvc-buis moest zijn voor frisse lucht, maar daar lag ze dus niet met haar hoofd bij. Bovendien wist ze niet dat gips opwarmt als het uithardt. Het kruikje dat ze had meegenomen om warm te blijven, ging dus al snel tegen haar werken.

De politie heeft het over het doorberekenen van de kosten. Ik bel met onze juridische afdeling en leg de casus voor. Het zal waarschijnlijk lastig worden om ook onze kosten op de vrouw te verhalen. Ik hoop alleen wel dat ze haar volgende examen iets slimmer aanpakt.

BEKENDE AUTO

Jaco / rijksweg A58 / dinsdagochtend 10.32 uur

'Hieperdepiep...' Marije houdt de armpjes van Sem, onze middelste, in de lucht en dan roepen we in koor: 'Hoera!'
Sem glimt. Hij is vandaag jarig en heeft ons cadeau al zien staan: een gaaf speelhuisje met een echte glijbaan. Zodra we uitgezongen zijn, rent hij erop af. Marije en ik kijken lachend toe hoe hij in razend tempo naar beneden glijdt.
'Kijk papa!' roept hij vrolijk. 'Ik...'
De rest van de zin hoor ik niet omdat mijn pieper gaat. *Ongeval A58*, is de melding. Het volgende moment ren ik de deur uit. De rijksweg A58 loopt pal langs het dorp en het gebeurt regelmatig dat we worden opgeroepen omdat er een ongeval is gebeurd. In dit geval gaat het om een aanrijding op de toerit. Een auto is op de toerit geslipt en op een busje dat op de snelweg reed geklapt. Mogelijk zitten er slachtoffers bekneld, daarom zijn wij opgeroepen.
Het is dichtbij. Binnen twee minuten draaien wij de toerit op, meteen kunnen we weer stoppen. Ik stap uit en zie een zwaar beschadigde groene BMW die ik iets te goed ken. Mijn hartslag schiet omhoog. Op de vluchtstrook ligt Stefan, mijn zwager, de man van Marijes zus.

Ik schrik me een hoedje. Gelukkig zie ik op dat moment hoe Stefan gaat zitten. Ik check snel of mijn hulp niet harder nodig is bij de andere slachtoffers en loop dan naar hem toe.

'Gaat het?'

Zijn gezicht is vertrokken van pijn. 'Mijn enkel doet ontzettend zeer.'

Ik kijk om me heen, maar de medewerkers van de ambulance zijn bezig met een ander slachtoffer.

'Dat is mijn collega', wijst Stefan. 'Weet jij hoe het met hem is?'

Ik ga snel even kijken. Het ziet ernaar uit dat Stefan er beter vanaf is gekomen dan zijn collega. De man is wel bij kennis, maar heeft veel pijn. Er komt een tweede ambulance aan, het team ontfermt zich over Stefan. Hij gaat op de brancard, zijn enkel in een spalk.

'Behoefte aan gezelschap?' vraag ik hem, als ik snel met mijn bevelvoerder heb overlegd. Die vindt het prima dat ik naar het ziekenhuis ga. Even later verlaten we de plek van het ongeval.

'Toch handig, familie bij de brandweer', zegt Stefan. 'Dan kom je nog eens een bekende tegen als je een ongeluk krijgt.'

Ik grinnik. 'Doe maar niet te vaak, als je het niet erg vindt.'

ONVOORBEREID

Marcel / Utrecht / donderdagavond 23.09 uur

'Jongens, standaardprocedure: de nummers één en twee gaan de ladderwagen assisteren, de andere twee gaan met mij mee naar binnen.'
Eigenlijk hoef ik de taakverdeling helemaal niet door te nemen met mijn ploeg, maar voor de volledigheid doe ik het toch. We zijn op weg naar een heel alledaagse melding: afhijsing, prio 1. Dat betekent dat de ambulancedienst om onze assistentie heeft gevraagd, omdat zij een patiënt zelf niet uit een huis kunnen krijgen. Meestal gaat het om een trapgat dat te klein is voor een brancard, of om een corpulente patiënt. Wij rukken in zo'n geval uit met een ladderwagen voor het hijsen en een tankautospuit voor assistentie daarbij.
Ik frons als we met zwaailichten en sirene de straat binnenrijden. Eén ambulance had ik verwacht, een tweede voor assistentie is ook niet vreemd, maar vier ambulances en drie politieauto's...
'Hier is meer aan de hand', zeg ik tegen de ploeg, terwijl ik de adrenaline door mijn lijf voel gaan. We zetten de auto stil naast de ladderwagen en stappen snel uit. Twee jongens gaan assisteren bij het opbouwen van de ladder, de twee anderen lopen achter mij aan. Ik haast me naar de voordeur. Een ambulancemedewerker

komt naar buiten rennen en duwt me aan de kant: 'Laat me erdoor!'

Ik kijk verontrust. Ik zie ambulancemedewerkers zelden rennen en de blik in de ogen van de man zegt genoeg.

In de huiskamer staat de familie, huilend, in paniek. Er is politie bij. Ik loop terug naar de gang. Er komt nog een ambulancemedewerker naar beneden hollen om extra spullen te halen. Het is een klein huisje en boven moet het vol zijn met al die hulpverleners. Ik draai me om naar de jongens. 'Blijf maar even beneden, dan ga ik eerst kijken wat er aan de hand is.'

Ik loop de trap op. In de slaapkamer staan en zitten de andere ambulancemedewerkers en een trauma-arts rondom een vrouw die op het bed ligt, in een enorme plas bloed. Ze is naakt, zie ik in een flits. Ik registreer dat er iets op de grond ligt, het lijkt een pop. Er zit een ambulanceverpleegkundige naast die roept: 'Kijk uit dat je er niet op gaat staan!' en daarna wenkt een andere ambulancemedewerker me.

'Brandweer! Reanimeren!'

Ik neem zijn plek over en begin met hartmassage, terwijl weer een andere ambulancehulpverlener bij het hoofd van de vrouw zit en haar met een ballon beademt. Ze is niet bij kennis en ziet heel erg bleek. Ik kijk vluchtig om me heen en zie dan dat wat ik net voor een pop heb aangezien, een pasgeboren baby'tje is.

Het begint tot me door te dringen dat hier tijdens een bevalling iets heel erg mis is gegaan. Vanuit mijn positie kan ik het niet goed zien, maar het lijkt erop dat de vrouw een flinke buikwond heeft.

Terwijl ik hartmassage geef, bedenk ik dat ik eigenlijk de twee jongens moet aansturen, die beneden op mij staan te wachten. We moeten alles nog klaarmaken om deze patiënte zo meteen uit het raam te takelen. Gelukkig zie ik het tweetal net op dat moment naar boven komen, omdat ze al hadden begrepen dat ik nu niet naar beneden kan komen.

'Neem het van mij over!' roep ik.

Een van de twee neemt mijn plek in, met de andere ga ik aan de slag. Met een hamer slaan we het slaapkamerraam eruit, daarna maken we beneden bij de ladderwagen de brancard klaar. Eén ambulance vertrekt met sirenes en als ik de slaapkamer binnenkom, zie ik de baby niet meer. Heel even sta ik stil op de gang. Een politieagent komt met twee familieleden naar boven. Ze doen een van de andere deuren open, ik loop mee en zie nog drie andere kinderen, kalm slapend in hun bedjes.

'Moeten we ze eruit halen?' vraagt een van de vrouwen vertwijfeld.

Ik schud mijn hoofd. 'Zolang ze slapen, zou ik ze laten liggen.'

Ze knikt. We lopen de gang weer op en trekken zachtjes de deur dicht. De rust in de kinderkamer staat in schril contrast met de hectiek in de kamer ernaast. Een hele groep hulpverleners vecht voor het leven van de vrouw. Overal zie ik slangen en apparaten. Ze wordt aangesloten op de automatische hartmassage en op de brancard gelegd. Vlot hijsen we die uit het raam. Ook beneden gaat het razendsnel, vrijwel meteen ligt de vrouw in de ambulance die met gillende sirenes richting het ziekenhuis gaat. Een andere ambulance gaat er met een paar familieleden achteraan.

Dan ineens is het stil. Het eerste moment waarop we even kunnen ademhalen en ons realiseren wat er net is gebeurd. Van een standaardmelding zijn we terechtgekomen in een van de meest heftige situaties die ik ooit heb meegemaakt. Onvoorbereid.

'Wat was hier aan de hand?' vraag ik aan een van de politieagenten.

Hij haalt diep adem. 'De oorzaak weet ik ook niet, maar in elk geval is er iets fout gegaan tijdens de bevalling en heeft de traumaarts een acute keizersnee moeten uitvoeren.'

Ik werp een blik op de grote plas bloed en heb nog steeds moeite om te beseffen waarin ik net ben beland.

Ons werk zit erop. De politie neemt de leiding in huis over. De familie moet worden opgevangen, er komt een schoonmaakploeg, het raam moet worden afgetimmerd. Wij pakken onze spullen en stappen in de auto. Onderweg naar de kazerne is het stil.

Eenmaal op onze post bespreken we wat we hebben meegemaakt. Hoe heftig het is om met een andere voorstelling van zaken terecht te komen in zo'n situatie. Bovendien komt het bericht door dat de vrouw onderweg naar het ziekenhuis is overleden. Er blijken veel vragen te zijn bij de ploeg. Wat was er met deze vrouw aan de hand? Dat weet ik niet precies, maar dat het om een ernstige complicatie bij een bevalling ging, is wel duidelijk.

Het is diep in de nacht als we uiteindelijk onze koffiebekertjes in de prullenbak gooien. De inzet is heftig geweest, maar we hebben met z'n allen vastgesteld dat er technisch gezien niks op aan te merken viel. Dat helpt bij de verwerking, net als het feit dat we een paar dagen later te horen krijgen dat het pasgeboren jongetje het heeft overleefd.

KONIJNTJE

Davy / Bemmel/ vrijdagochtend 11.45 uur

Ik ben toevallig op de kazerne als de pieper gaat. Prio 2, *dier in nood*. Het adres is een paar straten verderop. Zonder haast trekken we de pakken aan en stappen met z'n vijven in de auto.

Onderweg meldt de meldkamercentralist zich bij Jaap, de bevelvoerder. 'Ja, het zou gaan om een konijntje...'

Ik grinnik. Weer eens wat anders dan een koe in een put.

We parkeren voor een rijtjeshuis. De voordeur gaat al open, er verschijnt een vrouw, zwanger en een beetje van slag.

'Hij is al een dag weg', vertelt ze als Jaap vraagt wat er met het onfortuinlijke konijn aan de hand is. 'Dat is niks voor hem. Hij loopt altijd los in huis, maar hij loopt nooit weg. Ik denk dat hij in de tuin zit.'

'Hoe dat zo?'

'Er zit ineens een gat dat er eerst niet zat. Ik denk dat hij een tunnel heeft gegraven.'

'We gaan wel even kijken.'

Jaap loopt de tuin in, wij gaan achter hem aan. Het gat is niet groot, maar zeker groot genoeg voor een konijn.

'Tja,' zegt Jaap, terwijl hij nadenkend over zijn kin wrijft, 'ik denk dat er één ding op zit. Laten we maar beginnen met graven.'

We halen scheppen uit de auto en beginnen in het bloemperkje waar het gat zit. Het tunneltje blijkt onder het grasveld door te lopen.

'We leggen het niet opnieuw voor u aan', zegt Jaap spijtig als we door het gras heen ploegen.

De vrouw schudt haar hoofd. 'Het kan me niks schelen.'

Het konijnentunneltje leidt ons via het gras naar het terras. 'Tja.' Jaap kijkt hoofdschuddend naar de tegels. 'Ik vrees dat die eruit moeten. Als we de tunnel niet kunnen volgen, weten we ook niet waar hij zit.'

De vrouw haalt achteloos haar schouders op. 'Doe wat jullie moeten doen. Ik bel wel een stratenmaker.'

Het konijntje heeft zich uitgeleefd onder het terras. Het tunneltje is hier nogal bochtig en we moeten de ene tegel na de andere weghalen.

'Ik zie hem!' Henk, de chauffeur, zit op zijn knieën en tuurt in de tunnel. Hij heeft zelf cavia's en weet het een en ander over knaagdieren. Voorzichtig steekt hij zijn hand uit. 'Misschien kan ik... O nee, laat maar. Hij is alweer weg.'

'Hij is een beetje schuw', zegt de vrouw.

We graven verder. Ik geef de tegels aan, mijn collega stapelt ze op. Via het terras komen we weer bij het gras en daarna bij het bloemperk aan de andere kant van de tuin.

'Hier liggen kabels', zeg ik verwonderd.

'Ik denk de elektra van de schuur', wijst Jaap.

'Gelukkig heeft hij eronderdoor gegraven.'

'Kom dan.' Henk heeft het konijntje de hele tijd in het vizier, maar als hij hem probeert te pakken, blijft hij wegschieten. 'Heb je iets te eten voor hem?' vraagt hij aan de vrouw.

Ze verdwijnt en komt even later terug met wat brokjes, die Henk met zijn hand in de tunnel gewurmd zo dicht mogelijk bij het konijntje houdt. Het beestje steekt een paar keer zijn koppie naar voren, maar elke keer als Henk hem wil pakken, trekt hij zich tot hilariteit van de rest van de ploeg snel terug.

'Nou, dat wordt 'm niet', zegt Henk, maar we gaan natuurlijk niet opgeven. Niet nu we het halve terras en een deel van de tuin hebben omgespit. We graven verder, Henk blijft het proberen en dan ineens springt het konijn naar voren en grijpt Henk hem in zijn nekvel.

'O, daar is hij!' De opluchting spat van het gezicht van het bazinnetje. Ze pakt het beest aan en knuffelt hem zo hard dat hij bijna wordt gesmoord. De tranen rollen over haar wangen. Ik grinnik, maar vind het tegelijkertijd ontroerend. Het klinkt afgezaagd, maar het is echt zo: ook hier doen we het voor.

VERKLARENDE WOORDENLIJST

Aanvalsploeg: team van twee brandwachten dat als eerste naar binnen gaat bij een brand en dat belast is met verkenning, redding en de eerste bluswerkzaamheden. Zij worden doorgaans ook aangeduid als 'één' en 'twee'.

Ademlucht: gezuiverde lucht, geschikt voor gebruik in een ademluchtfles die is bevestigd aan een ademluchttoestel. Dit wordt gebruikt in combinatie met een gelaatsmasker (een masker dat aan de helm wordt bevestigd) en dat brandweerlieden in staat stelt om adem te halen in een omgeving met rook of gevaarlijke stoffen.

Adviseur gevaarlijke stoffen: specialist die ter plaatse komt bij incidenten met (mogelijk) gevaarlijke stoffen. De adviseur analyseert en beoordeelt de situatie en brengt daarna advies uit aan de operationeel leidinggevenden.

Autoladder: zie redvoertuig.

Beroepsbrandweer: personen die brandweertaken als hoofdberoep uitvoeren.

Bevelvoerder: speciaal opgeleide brandweerman of -vrouw die de leiding heeft over een blus- of hulpverleningseenheid en de bijbehorende ploeg.

BOT: Bedrijfs Opvang Team. Het BOT – bestaande uit getrainde brandweercollega's – wordt ingezet voor nazorg aan brandweerlieden bij heftige incidenten.

Brandwacht: bemanningslid van een brandweervoertuig, anders dan chauffeur en bevelvoerder (zij zijn ook brandwacht, maar zij hebben aanvullende opleidingen gedaan).

Compagnie: de grootste organisatorische eenheid binnen de brandweer. Een compagnie bestaat uit twee pelotons, die op hun beurt elk weer bestaan uit vier tankautospuiten, een officier van dienst en diverse ondersteunende voertuigen.

Deurram: staaf met een of twee handvatten waarmee met kracht een toegangsweg kan worden geforceerd.

Dremel: elektrisch apparaatje waarmee bijvoorbeeld ringen of dunne stukken ijzer kunnen worden doorgesneden.

Duikvoertuig: speciaal ingericht voertuig waarin de duikers worden vervoerd.

Gewondenverzorger: rol die wordt toebedeeld aan een van de brandwachten bij hulpverlening bij een ongeval met beknelling. De gewondenverzorger heeft als taak bij de gewonden te komen en hen zo veilig en stabiel mogelijk te houden tot ze door de rest van het team zijn bevrijd.

GRIP: Gecoördineerde Regionale Incidentbestrijdings Procedure, die in werking kan treden bij heel grote incidenten en rampen en waarin is vastgelegd hoe de coördinatie tussen de hulpdiensten verloopt. Er zijn vijf niveaus – aangeduid als GRIP 1 t/m GRIP 5 – en daarboven geldt GRIP Rijk als de nationale veiligheid in het geding is. Per GRIP is vastgelegd hoe de coördinatie van een incident verloopt en welke bestuurslagen binnen de samenleving erbij betrokken worden.

Groot watertransport: systeem waarmee grote hoeveelheden bluswater over grote afstanden getransporteerd kunnen worden. Groot watertransport – ook watertransportsysteem genoemd – bestaat uit een haakarmbak met daarin slangen en een pomp. Afhankelijk van de grootte van het incident wordt gekozen voor slangen van 200, 1000 of 2500 meter. Met de pomp wordt water uit een beschikbare bron gehaald, zoals een meer of een vaart, en door de slangen gepompt.

Grote brand: term waarmee de eerst uitgerukte bluseenheid vraagt om assistentie van nog twee eenheden. Dit gebeurt via de meldkamer en heet opschalen.

Hulpverleningsvoertuig: brandweervoertuig dat is uitgerust voor hulpverlening bij beknellingen, grote ongevallen en andere incidenten waar zwaarder of specialistisch gereedschap voor nodig is. Een hulpverleningsvoertuig – waarvan drie verschillende typen bestaan – wordt bemand door twee personen en is verder voorzien van meer, groter en technischer gereedschap dan een tankautospuit. Een hulpverleningsvoertuig rukt vrijwel altijd uit in combinatie met een tankautospuit.

Ladderwagen: zie redvoertuig.

Memo: tot 2005 werden meldingen vanuit de meldkamer door middel van een gesproken memo via de pager doorgegeven. Sinds dat jaar worden de meldingen via getypte memo's op de pieper doorgegeven.

Middelbrand: term waarmee de eerst uitgerukte bluseenheid vraagt om assistentie van nog een eenheid. Dit gebeurt via de meldkamer en heet opschalen.

OvD: Officier van Dienst. Speciaal getrainde brandweerman of -vrouw die bij grote inzetten (meer dan één tankautospuit) de coördinatie van de verschillende ploegen en hun werkzaamheden op zich neemt. Elke hulpdienst – politie, ambulance, brandweer – heeft een eigen OvD.

Prio 1: hoogste prioriteit waarmee de brandweer kan uitrukken. Onder prio 1 wordt gereden met zwaailicht en sirene en geldt een verplichte opkomsttijd van acht minuten. Er wordt voor deze prioriteit gekozen als mensen en/of dieren in levensgevaar verkeren.

Prio 2: bij prio 2-meldingen is het wel noodzakelijk dat de brandweer ter plaatse komt, maar er is geen haast geboden. Er wordt gereden zonder zwaailicht en sirene en er geldt geen wettelijke opkomsttijd. Er is geen direct levensbedreigend gevaar.

Redvoertuig: verzamelnaam voor brandweervoertuigen voorzien van een uitschuifbare en draaibare ladder of een hoogwerker. Een redvoertuig kan worden ingezet bij brand, reddingsacties en overige hulpverleningen, wordt bemand door twee of drie personen en dient ter ondersteuning van de tankautospuit.

Signi: Stichting Signi Zoekhonden bestaat uit vrijwilligers en heeft als doel vermiste personen (levend of overleden) op te sporen met hulp van speciaal getrainde zoekhonden.

Tankautospuit: brandweervoertuig dat is voorzien van een uitrusting waarmee bij brand of ongevallen (eerste) hulp kan worden verleend. Een tankautospuit is het basisvoertuig van de brandweer en is uitgerust met gereedschap, meerdere (uitschuifbare) ladders, diverse slangen, een gecombineerde hoge- en lagedrukbrandbluspomp en een bluswatertank van 1500 liter. De tankautospuit wordt doorgaans bemand door een ploeg van zes personen: bevelvoerder, chauffeur en vier brandwachten, bij brand onderverdeeld in de aanvals- en de waterploeg.

Veiligheidstester: apparaat dat aan een bovenleiding van het spoor kan worden bevestigd om te testen of hier nog spanning op staat. Als het apparaat uit de bovenleiding op de grond valt, is er nog sprake van spanning op de bovenleiding.

Vrijwillige brandweer: personen die brandweertaken uitvoeren naast hun hoofdberoep.

Waterploeg: team van twee brandweermannen of -vrouwen die bij een brand in eerste instantie zorgen voor voldoende wateraanvoer (als de voorraad in de tankautospuit niet voldoende is) en dat zich daarna na de aanvalsploeg gaat bezighouden met bluswerkzaamheden.

Wervelplank: kunststof plank, aanwezig in de ambulance, waarop een ongevalsslachtoffer recht en stabiel kan worden vervoerd om eventueel letsel niet verder te verergeren.

WVD-voertuig: voertuig van de Waarschuwings- en Verkenningsdienst dat ter plaatse gaat bij de (vermeende) aanwezigheid van gevaarlijke stoffen. De WVD-ploeg verricht metingen om de contouren van de wolk en de hoeveelheid gevaarlijke stof te bepalen.

Zeer grote brand: term waarmee de eerst uitgerukte bluseenheid vraagt om assistentie van meer dan twee eenheden. Dit gebeurt via de meldkamer en heet opschalen.

Thijs en ik komen binnen via de openstaande voordeur. Beneden is de paniek groot, ik zie de huilende ouders. 'Naar boven!' roepen ze. Daar treffen we onze collega's en twee politieagenten in een kleine kinderkamer. Op de commode ligt een klein meisje, bleek en bewegingloos.

De mensen van de ambulance en de meldkamer staan 24 uur per dag 7 dagen per week klaar om hulp te verlenen. In dit boek delen ze hun verhalen: van zware ongevallen tot aangrijpende 112-gesprekken en van heftige reanimaties tot hartverwarmende patiënten. Tijdens hun werk worden ambulancehulpverleners en meldkamercentralisten geconfronteerd met lief en leed, hoogoplopende emoties, paniek en soms bizarre situaties, maar vooral met mensen en hun verhalen.

De mensen van de ambulance
ISBN 978 94 6068 279 7
Paperback
€ 15,-

'De nachtdienst in de stad is altijd roerig, zeker in het weekend. Als alcohol, drugs en ruzie bij elkaar komen, kan de sfeer explosief worden. Voor de tweede keer deze dienst zijn we op weg naar een schietpartij. Eerder vannacht vervoerden we een zwaargewonde jongeman naar het Havenziekenhuis.'

Dit boek biedt een kijkje achter de schermen bij het werk op de ambulance: bij ongevallen, bij mensen thuis, in het ziekenhuis en in de auto. Van schrijnend menselijk leed tot hartverwarmende patiënten. Van rustige B-ritten met diepe impact tot spoedeisende taferelen.

Juist omdat zij vaak als een van de eersten ter plekke zijn, worden de ambulanceverpleegkundigen en -chauffeurs geconfronteerd met lief en leed, hoogoplopende emoties, paniek en soms bizarre situaties, maar vooral met mensen en hun verhalen.

Lezers over Verhalen uit de ambulance:
'Erg mooi en bijzonder om de verhalen te lezen. Ik baal gewoon dat het boek uit is...'
'Een boek dat boeit, verrast, ontroert en laat lachen. G-E-W-E-L-D-I-G'
'Door het lezen van deze verhalen groeit het begrip voor de medewerkers van de ambulancezorg. Wanneer ik nu een ambulance zie rijden, dan denk ik aan de aspecten van het ambulancewerk en heb ik bewust bewondering voor deze mensen.'

Verhalen uit de ambulance
ISBN 978 94 6068 278 0
Paperback
€ 5,-

'Reanimatie van een drenkeling', geeft het KWC door als mijn twee collega's en ik in de Richel zitten, de snelle rubberboot. Ik noteer de coördinaten en zet direct koers in de juiste richting.
'Nadere informatie bekend?' vraag ik ondertussen.
'Alleen dat het een gehuurd zeiljacht is met een aantal jonge mensen. Ze zijn gaan zwemmen en daar is het misgegaan. Wat er precies is gebeurd, is niet duidelijk, maar een van de jongens is onder de boot terechtgekomen.'
Ik geef vol gas. Bij een melding als deze telt elke nanoseconde.

In 2015 voerden de KNRM en de Reddingsbrigades gezamenlijk meer dan 9.000 acties uit.

In *Verhalen uit de reddingsboot* vertellen reddingswerkers zelf over wat ze hebben meegemaakt tijdens acties en delen hun ervaringen en gevoelens. Aangrijpende verhalen, zoals over de zoektocht naar een op het strand vermist kind. Is het jongetje verdwaald of toch verdronken? Spannende verhalen over het uitvaren voor schepen in nood. Lukt het om de opvarenden bij huizenhoge golven over te zetten op de reddingsboot? Meeslepende verhalen, sommige met een goede afloop en sommige met een minder goede afloop, maar allemaal boeiend van begin tot eind.

De Reddingsbrigade Nederland (KNBRD) en de Koninklijke Nederlandse Redding Maatschappij (KNRM) voeren jaarlijks duizenden reddingsacties uit op zee, het strand en de binnenlandse wateren.

Verhalen uit de reddingsboot
ISBN 978 94 6068 318 3
Paperback
€ 5,-

In het Wilhelmina Kinderziekenhuis zijn meer dan 1.000 medewerkers 24 uur per dag, 7 dagen per week met hart en ziel bezig om zieke kinderen te behandelen en te verplegen. Wat zij meemaken in hun beroep vertellen ze in deze verzameling verhalen uit het kinderziekenhuis.

'Op onze afdeling is een baby opgenomen, Bas. Hij heeft een ernstige darmaandoening. Hij verdraagt helemaal geen voedsel. Vijf maanden is hij, en heel ziek. Hoelang Bas moet blijven, weten we nog niet. Maar dat hij niet volgende week weer naar huis gaat, is wel duidelijk.'

Het is de nachtmerrie van elke ouder: je kind wordt ziek of krijgt een ongeluk. Iedereen ziet zijn of haar kind het allerliefste gezond, maar helaas loopt het soms anders. En dan wil je maar één ding: de allerbeste zorg voor je zoon of dochter. In het kinderziekenhuis wordt die zorg geboden, elke dag opnieuw. In dit boek lees je de verhalen uit het kinderziekenhuis, van traumachirurg tot schoonmaker en van verpleegkundige tot kok. Wat maken zij mee in de dagelijkse praktijk van het kinderziekenhuis? Van ontroerende gebeurtenissen tot heftige situaties, in deze verhalen staan de unieke en bijzondere patiëntjes centraal.

Verhalen uit het kinderziekenhuis
ISBN 978 94 6068 333 6
Paperback
€ 5,-

Afgedankte brandweerslangen

Omdat brandweerslangen niet kunnen worden afgebroken of verbrand, eindigen de slangen na een leven lang actief branden blussen op een grote afvalberg.

Elvis & Kresse vond een manier om ze te gebruiken, en wel in de vorm van tassen, riemen, portefeuilles, Iphone-hoesjes, manchetknopen en nog veel meer.

Lezers van *Verhalen van de brandweer* kunnen tot en met 31 december 2016 alle artikelen van Elvis & Kresse bestellen met 20 procent korting via de website: www.elvisandkresse.nl. Voer bij het afrekenen in het vakje Uw Kortingscode de code 'brandweer' in.

Colofon

© 2016 Mariëtte Middelbeek en Uitgeverij Marmer BV

Redactie: Karin Dienaar
Omslagontwerp: Studio Jan de Boer
Zetwerk: V3-Services | Studio Marian Akkermans
Druk: Koninklijke Wöhrmann

ISBN   978 94 6068 324 4
E-ISBN   978 94 6068 797 6
NUR   402

Eerste druk, oktober 2016

Niets uit deze uitgave mag verveelvoudigd en/of openbaar gemaakt worden door middel van druk, fotokopie, microfilm, of op welke wijze dan ook, zonder voorafgaande schriftelijke toestemming van Uitgeverij Marmer BV.

Uitgeverij Marmer BV
De Botter 1
3742 GA BAARN
T: +31 649881429
I: www.uitgeverijmarmer.nl
E: info@uitgeverijmarmer.nl

www.mariettemiddelbeek.nl